NF文庫
ノンフィクション

提督の決断 山本五十六

世界を驚愕させた「軍神」の生涯

星 亮一

潮書房光人新社

旗艦艦上で作戦を検討する連合艦隊司令長官山本五十六大将

長岡中学時代の五十六

子供時代の五十六（前列中央、9歳）。五兄の季八（左）、姉の加寿（右）、長兄の譲（後方）

新潟・長岡の五十六の生家（高野家）

海軍兵学校時代の五十六

大正5年に山本家の養子となった五十六は、大正7年8月、三橋礼子と結婚（当時、少佐）

大正8年、ハーバード大学留学のため渡米時に乗船した「諏訪丸」での記念写真。後列右から2人目が五十六、後列右端はやはりハーバード大学に留学する森村勇

少将時代の五十六。昭和９年９月、ロンドン軍縮会議予備交渉のため渡欧する少し前に東京で撮影

霞ヶ浦航空隊副長時代の五十六（当時、大佐）

昭和９年10月、ロンドン軍縮会議予備交渉の海軍代表としてロンドンのグロヴナー・ハウスに滞在中の五十六

海軍大臣米内光政大将（左）と海軍次官山本五十六中将。このコンビで独伊との三国同盟締結に徹底して反対した

海軍記者クラブ黒潮会の新聞記者と山本五十六中将（前列左から２人目）

旗艦戦艦「長門」の前
甲板に立つ連合艦隊司
令長官山本五十六大将

連合艦隊旗艦の艦橋に座る山本長官（中央奥）

戦艦「大和」艦上で撮影された連合艦隊司令部の写真。前列右から５人目が山本五十六長官、６人目は宇垣纏参謀長、８人目は黒島亀人首席参謀

〈上〉昭和16年秋に五十六が揮毫した「常在戦場」の書。〈左〉トラック島で沈没事故後引き揚げられた潜水艦伊33を視察する山本長官

昭和18年4月、ラバウルで「い号作戦」の出撃零戦隊を見送る山本長官（手前）

純白の軍装でラバウルの滑走路わきに立ち、帽子を振って出撃する
航空部隊を見送る山本長官の姿は、上空からも視認できたという

昭和18年4月、ラバウルの指揮所で出撃搭乗員整列に立ち会う山本長官（白の第二種軍装）。戦死前に撮影された最後の姿ともいわれる。黒板前の左側の人物は、同地にあった南東方面艦隊司令長官の草鹿任一中将

戦死した山本五十六の遺体の火葬跡につくられた土饅頭。ブイン飛行場から車で15分ほどの丘の上で、両側には五十六の好物だったパパイヤの木が植えられていた

戦後にブーゲンビル島で確認された山本長官機（一式陸上攻撃機）の残骸。尾部銃座と大きな垂直尾翼がわかる

山本長官の遺骨は戦艦「武蔵」で日本に帰還、横須賀から特別列車で東京に移送された。写真は昭和18年5月23日午後、東京駅に到着した山本長官の遺骨

昭和18年6月5日、山本五十六元帥の国葬が営まれた。写真は日比谷公園に設けられた斎場入る元帥の葬列。遺骨は水兵たちが牽く砲車に載せられている

提督の決断　山本五十六——目次

プロローグ……19
第一章　越後長岡……33
第二章　海軍士官の道……43
第三章　日露戦争……51
第四章　山本五十六誕生……63
第五章　アメリカ留学……75
第六章　霞ヶ浦航空隊……85
第七章　アメリカ駐在武官……93
第八章　空母「赤城」艦長……102

第 九 章　国際的活動と航空本部……109
第 十 章　海軍次官から連合艦隊司令長官へ…126
第十一章　開戦準備……135
第十二章　開戦日決定……147
第十三章　単冠湾出撃……162
第十四章　トラ、トラ、トラ……175
第十五章　幻の第三次攻撃……190
第十六章　山本の焦り……206

第十七章　ミッドウェー海戦……………………212
第十八章　「飛龍」の最期……………………220
第十九章　山本五十六の死……………………234
あとがき　245
主な参考・引用文献　251

提督の決断　山本五十六

——世界を驚愕させた「軍神」の生涯

プロローグ

真珠湾攻撃の成功と失敗

いま日本を取り巻く海洋の状況は厳しいものがある。中国が「海洋強国」を標榜《ひょうぼう》し、拡張主義的な動きを強めているからだ。

バイデン米国大統領は日米首脳会談で、中国の脅威には日本と共同で対処すると語り、日本の防衛は一方的に米国に依存する従来の形ではなく、米国と対等な形で、参画することを求め、あらたな問題を提起した。

私は今後の日本の防衛問題を考えるとき、かつて日米戦争を戦った当時の連合艦隊司令長官山本五十六《やまもといそろく》提督の生き方が示唆に富んでいるように思えてならない。

山本は、アメリカとの戦争には断固反対の立場を取っていた。

「アメリカの工場の煙突の数を数えてきたまえ」

が口ぐせで、アメリカの工業力がいかに強大か十分にわきまえていた。

米国事情を研究するため名門ハーバード大学に留学し、続いて米国駐在武官も務め、国力が異なる米国には勝てない、無謀な戦争は避けるべきだと主張した。しかし日本政府が日米開戦を決めた時、山本は米太平洋艦隊の根拠地、ハワイ・オアフ島の真珠湾を航空兵力をもって奇襲攻撃する世界が驚く作戦に踏み切った。

山本は航空機開発部門である海軍航空本部の技術部長、本部長を歴任し、日本海軍切っての航空機のプロフェッショナルだった。

加えて山本は昭和五年（一九三〇）にロンドン海軍軍縮会議に出席。軍艦の建造に歯止めをかける世界の潮流に接したことで、今後は戦艦主体の軍備は頭打ちとなり、いずれ「航空主兵」の時代が来ることを肌で感じた。

その「航空主兵」が、いつごろ真珠湾攻撃という具体的な作戦に結びついていったのかは定かではないが、山本が初めてその一端を口にしたのは、日米関係が悪化する最中の昭和十五年（一九四〇）三月の艦隊訓練でのことであった。

この時、攻撃機が雷撃訓練で次々と魚雷を命中させるのを見た山本は、圧倒的な国力を擁するアメリカに対抗するには、虎穴《こけつ》に入る覚悟で敵艦隊の根拠地を猛撃し、主力艦隊を壊滅させ、それをもとに講和を図るしかないと考えた。

そして昭和十五年一月末、海軍内で対米戦が協議されたとき、山本は開戦と同時に真珠湾を航空兵力によって奇襲攻撃する作戦を披瀝した。

軍令部は投機的に過ぎると猛反対したが、山本は一歩も退かず、

「この作戦が認められなければ連合艦隊司令長官の職を辞す」

と言い切った。

真珠湾攻撃は見事に成功し、世界を驚嘆させた。英雄山本五十六の誕生だった。

この日の米国の大混乱はジョン・コステロの『真珠湾、クラーク基地の悲劇─責任はだれにあるのか』に余すところなく記述されている。

著者はケンブリッジ大卒の歴史家でＢＢＣ放送のプロデューサーを務めた人物である。

彼は真珠湾攻撃は戦術的に見事な成功だったが、機動部隊指揮官南雲忠一中将が戦略的に大きなミスを犯し、米国民を激怒させ、日本は米国艦隊の大反撃を食い、惨敗の道をたどったと述べた。

南雲は燃料タンクや工廠の施設を爆撃するための攻撃隊を送り出すリスクを避け、早々に真珠湾から引き揚げの道を選んだ。

それだけではない。南雲のもう一つの過ちは、真珠湾にいなかった米空母二隻を捜索しなかったことだった。

さらに米国太平洋艦隊が前線基地であるハワイを使えないように、潜水艦で長時間封鎖する計画もなかった。南雲はミッドウェー海戦でも大失敗する。

天才山本五十六の唯一の弱点はナンバー２に恵まれなかったことだった。南雲はいつも山本の足を引っ張った。

山本五十六のリーダーシップ

アメリカの戦史家ジョン・トーランドは「米国人はアメリカ史上最悪の軍事的破滅に茫然自失した」と書いた。真珠湾攻撃の知らせに世界が驚愕したのは、米太平洋艦隊主力を壊滅させた戦果だけではなく、航空攻撃による奇襲という常識を覆す革命的な山本五十六の発想にあった。

当時、航空機は戦艦の補助的存在と考えられていた。

日米開戦が必至となったとき、山本は正規空母六、戦艦二、重巡洋艦二、軽巡洋艦一、駆逐艦九の大部隊を、ひそかに択捉《えとろふ》島の単冠《ひとかつぷ》湾からハワイに向けて出港させた。艦隊が北太平洋を横断し、ハワイに至るまでには十日以上を要する大航海である。

その間、無線を封止し、秘密裏に航行しなければならない。もし他国の船に発見され、アメリカが察知してハワイで待ち構えるようなことがあれば、機動部隊は返り討ちに遭い、日本海軍は緒戦で海軍の主力を失い、壊滅する危険があった。

にもかかわらず日本海軍は、この作戦にほぼ全ての空母を投じ、世界に例のない乗るか反るかの大作戦を成功させた。

それはひとえに、戦を主導した連合艦隊司令長官山本五十六の個性に拠るところが大きかった。

日米関係の悪化を受けて、対米戦争が日に日に現実味を増し始めた昭和十五年十一月末、山本は独自の作戦を海軍首脳に披瀝した。

「開戦劈頭、敵主力艦隊を猛襲、撃破して、米海軍および米国民をして、救うべからざる程度にその士気を阻喪せしむる」

それをもとに講和を図るしかないというのだ。

日本海軍の奇襲攻撃は、空母がいなかったという点を除けば、ほぼ完璧であり、ディック・レイアの最新作、『アメリカが見た山本五十六』も見事に山本の決断を描いた。

この本は山本五十六の乗機を襲撃した米陸軍航空隊の指揮官ジョン・ミッチェル少佐を描いたものだが、そこに描かれた山本は戦術の天才とほめたたえ、敬意を表する一方で、アメリカ人からすれば、アドルフ・ヒトラーに並ぶ極悪人、モンスターだと描いた。その天才山本の胸中にある悔いは、ミッドウェー海戦の惨敗だった。

ミッドウェー海戦は日本艦隊と米国艦隊との決戦を意図したもので、絶対の自信があったが、結果は、南雲忠一中将の采配ミスによる惨敗だった。

ミッドウェー海戦の時、南雲は索敵に失敗、敵空母はいないと判断、魚雷を爆弾に積み替え、ミッドウェー島の爆撃に専念したとき、敵空母発見の知らせが飛び込み、慌てて爆弾を魚雷に積みかえている間に米軍機に襲われ、完膚なきまでに叩かれた。

山本が乗る戦艦「大和」が敵空母の出動をキャッチしながら、「南雲も敵の無線を傍受しておろう」と判断、連絡を取らなかった。

戦艦「大和」から無線を発信すれば、敵に艦隊の位置を教えることになる。それを避けるためだったが、悔いの残る判断だった。

山本は連合艦隊虎の子の空母四隻と多くの航空部隊に搭乗員を失い、完敗した。

その後、日米戦争は艦隊決戦が姿を消し、一転、航空戦による攻防に変化した。

山本は戦艦「武蔵」を降り、ラバウルに一大航空基地を作り、さらに東部ニューギニア、ブーゲンビルなどのソロモン諸島にも飛行場を設営し、航空戦の最前線に立って陣頭指揮した。

真珠湾攻撃で大活躍した零戦も頑丈な米軍の爆撃機に苦労する事態となり、山本は前線に飛びたつ将兵を鼓舞し続ける日々となった。

昭和十八年四月十八日、山本はブーゲンビル島に撤退してきた陸軍第十七軍の労をねぎらうため、ラバウルから参謀長以下七名を連れて一式陸攻二機に分乗して、零戦六機を護衛につけ、出発した。

暗号解読で、山本の行動は米軍に筒抜けになっており、山本機は、待ち構えた米軍機の攻撃を受けソロモン諸島のブーゲンビル島の南端で撃墜された。

米海軍の提督チェスター・ニミッツ元帥は若い時代から日本海軍に関心を抱き、特にロシアのバルチック艦隊を破った東郷平八郎元帥を尊敬していた。これに関してE・B・ポッター著、南郷洋一郎訳『提督ニミッツ』に、いくつか興味深い記述があった。

ひとつは軍神東郷平八郎との出会いである。

日露戦争後、明治天皇主催の平和回復記念のガーデンパーティーが宮城内の庭園で開かれた。この時、若き日のニミッツが乗る戦艦オハイオが東京湾にいた。

幹部クラスは関心を示さず、ニミッツら六人の若い士官が代わり出席した。終わり近くになって東郷元帥が歩いてくるのが見えた。若い士官たちは東郷元帥を自分たちの席お招きし、話をする機会に恵まれた。

東郷元帥は皆と握手をし、流暢な英語で話をしてくれ、ニミッツは元帥の人柄に魅了感銘された。

暗殺

太平洋戦争がはじまると、ニミッツが興味を抱いたのは、連合艦隊司令長官山本五十六だった。日米戦争の緒戦、ハワイは山本に完膚なきまで叩かれ、敵ながら山本いう人間に少なからず興味を抱いた。

後日、米海軍情報局は山本が前線の視察に行くという暗号無線を解読、すぐニミッツ提督に報告した。

「懐かしの友、山本の件であります」

と言って情報参謀のレイトン中佐がニミッツに電文を手渡した。

ニミッツは山本の飛行計画を読み、振り向いて壁にかかった地図を調べた。山本は時間に正確である。彼は寸分たがわず予定を守るに違いない、

「どうだ、彼をやっつけるべきだろうか」

ニミッツはレイトン中佐に尋ねた。

ニミッツは、第二次大戦中、数千にのぼる艦船並びに航空機と数百万の将兵を統率し、日本帝国を敗北に追いやる人物である。艦隊同士の決戦ならいざ知らず敵将山本五十六を待ち伏せ攻撃することに即座に反応はしなかった。

するとレイトン中佐が、

「山本は天皇を別にすれば、国民全体の士気にとって彼ほど重要な人物は一人もいないと思います。彼が撃ち落とされれば海軍の士気はガタ落ちになるでしょう。長官が撃ち落とされるのと同じです。山本に代わりうる人物はおりません」

と答えた

ニミッツは微笑しながら、

「ハルゼーの管轄地域でのことだ。方法があるとすれば、彼が見つけるだろう、よしやってみよう」

といい、メモ用紙を取ると、ハルゼーに対する通信と山本の日程を書きいれ、暗号解読を秘匿するため、情報はラバウル周辺のオーストラリア人沿岸監視員から得られたことにしてはどうかと指示を与えた。

「貴隊に山本とその幕僚を撃墜する能力があるならば、予備計画の作成を開始する権限を授与する」と結んだ。

ニミッツは用心のためノックス海軍長官とルーズベルト大統領の承認を取り付けた。

山本は東郷と並んで、日本人の心に深く食い込んでいる人物であることはニッミツも認めていた。余り気乗りしないが、周りがいう以上、待ち伏せもやむをえないというのが、ニミッツの本音だった。

太平洋戦争中、アメリカでもっとも知られた日本人は山本五十六だった。

理由はハワイのアメリカ太平艦隊を叩きした真珠湾攻撃である。真珠湾攻撃は日本海軍の圧倒的な勝利であり、日本海軍の奇襲攻撃を受け、ハワイのアメリカ太平洋艦隊は、空母を除いて叩きのめされた。

日本海軍の奇襲攻撃は、空母がいなかったという点を除けば、ほぼ完璧であり、アメリカ海軍の首脳部のなかには山本五十六に敬意を抱いた人もいたといわれる。

山本はミッドウェー海戦で、虎の子の空母四隻を失い、日米の海軍力が逆転したことを悔いていた。

機動部隊を率いた南雲《なぐも》忠一《ちゅういち》司令長官のミスによる惨敗だったが、指揮を執った山本の甘さが露呈した部分もあり、山本の胸中は日々、苦渋に満ちたものだった。

山本人気

米内光政は山本について「お茶目な人」といったが、普段はどちらかといえば寡黙《かもく》な人物だったようである。山本の伝記といえば阿川弘之の『山本五十六』が有名であり、私の手元にある文庫は七十刷とあった。

大ロングセラーである。その本の冒頭に、「今私の手元に、古ぼけた一枚に写真がある」

という書き出しで、山本の印象を語っているのだが、
「この写真に写っている堀悌吉、塩沢幸一、吉田善吾、嶋田繁太郎らは不敵な豪傑風に笑みを浮かべている者もあれば、鬼瓦みたいないかつい顔の大男もいる。そのころの風習で半数が鼻下に髭を蓄えていて、皆なかなか立派な海につわものであるが、中で山本は髭もないし、一番小さく妙にやさしげに乃至は寂しげに撮れている。この写真の山本は、はっきり小柄で、背を丸め加減に少し憂鬱そうな顔をして写っている」
とあった。

直木賞作家戸川幸夫も『人間提督山本五十六』を書いている。綿密な取材と豊富な資料を基に山本の人間像を描き切った作品だった。

最近では保坂正康氏が『山本五十六の戦争』を出され、悲劇の提督の生涯を現代史のなかに刻みこんだ。

これら数多くの作品を前にして、私は何を書くべきか。私は日米開戦という避けられない日本国の危機の際し、日米共存の道を模索した連合艦隊司令長官山本五十六の深慮遠謀を書こうと考えた。

山本は若き日、米国に留学、米国の実力をよく知っており、日米戦争には一貫して反対してきた。しかし国家が開戦を決断した以上、連合艦隊司令長官である限り、逃げることはできない。近衛総理に問われた山本は、
「一年か一年半は戦って見せます」

と宣言した。

そして真珠湾の奇襲攻撃を見事に成功させ米国を仰天させた。その後も二年間、米軍の侵攻を食い止めた。山本の胸中にある悔いは、ミッドウェー戦の惨敗だった。

この海戦は艦隊との決戦を意図したもので、絶対の自信があった。しかし結果は索敵の失敗と機動部隊司令長官南雲忠一《なぐもちゅういち》中将の采配ミスによる惨敗だった。

緒戦で勝利することで、日米講和の道を開こうという山本の秘策は吹き飛んだ。

山本は虎の子の空母四隻と多くの航空機に搭乗員を失い、完敗した。山本は南雲に米空母の出現を知らせる無線を送らなかったことを後悔した。真珠湾攻撃の大勝利でいつのまにか慢心におちいっていた部分があった。

しかしミッドウェー海戦は軍部の情報操作で、損害軽微と伝えられたこともあり、山本宛に、全国各地から連日、大量の手紙が舞い込み、山本は愚直にも毛筆で丁寧に返書をしたためる日々だった。

その後、日米戦争は艦隊決戦が姿を消し一転、航空戦による攻防に変化した。山本は戦艦「大和」を降り、ラバウルに一大航空基地を作り、さらに東部ニューギニア、ブーゲンビルなどのソロモン諸島に飛行場を設営し、山本は航空戦の最前線に立って陣頭指揮した。

しかし真珠湾攻撃で大活躍した零戦も米軍の爆撃機に苦労する事態となり、山本は前線に飛びたつ将兵を鼓舞し続ける日々となった。

昭和十八年四月十八日、山本はブーゲンビル島に撤退してきた陸軍第十七軍の労をねぎらうため、ラバウルから参謀長以下七名を連れて一式陸攻二機に分乗して、ゼロ戦六機を護衛につけ、出発した。

暗号解読で、山本の行動は米軍に筒抜けになっており、山本機は、待ち構えた米軍機の攻撃を受けソロモン諸島のブーゲンビル島の南端で撃墜された。

アメリカの雑誌は「アメリカ最大の敵が死んだ」と書いた。

山本の死はしばらく隠されていたが、日本政府は五月二十一日の臨時ニュースで、連合艦隊司令長官海軍大将山本五十六が、本年四月前線において作戦指導中、壮烈なる戦死を遂げたとして、山本に正三位《しょうさんみ》大勲位功一級、元帥の称号及び国葬を賜うの発表に踏み切った。

資源がなく工業力も弱い日本は、戦争続行が困難になっていた。

山本の戦死についは自殺説もある。私も覚悟の上の前線視察だったのではないかと、私もふと考える。

山本の死は、どんな意味を持ったのか。阿川弘之は『米内光政』で大要、こう述べた。

――山本の戦死は、彼一人の戦死にとどまらず、連合艦隊司令部の壊滅を招いた。幕僚の大部分が機上で、長官と運命を共にし、重傷の宇垣纏《まとめ》参謀長はじめ生き残った人々は国葬の前後に皆、更迭された。

そうなると、部内一部にくすぶっていた山本批判の声が表に出てきた。軍政家として偉かったかもしれないが、用兵家としての山本さんは果たしてどうなのか。バクチ好きで、人の選り好みが激しく、きんたま握りの参謀ばかり可愛がって第二段作戦後見るべき成果を何も挙げていないじゃないか。こうなる前、ミッドウェーの失敗で、当然責任を執るべきだった。日本海軍は山本も、山本のスタッフも一新すべきであった——

などである。

海軍兵学校七十四期、海軍少尉で終戦を迎え、東京大学文学部に入学、仏文科を卒業して作家に転じた生出寿《おいでひさし》も『凡将山本五十六』で、なぜ連合艦隊司令長官の職を賭して日米戦を阻止しなかったのか。ミッドウェー海戦大敗の根本原因は山本長官の作戦指導のせいではないか。ガダルカナル島で陸海軍将兵一万五千人の餓死者を出し、また、その他の人員飛行機、艦船の大消費を来して決戦力をなくしたのはどういうわけかなどである。

しかし緒戦の真珠湾攻撃で、国民を感激の渦に巻き込んだ功績は歴史に残る快挙であり、日露戦争を勝利に導いた東郷平八郎《とうごうへいはちろう》とならぶ軍神の誕生であったことは、ゆるぎない事実だった。

山本の死後、戦線は次第に米軍に押され、日本軍はラバウルから撤退を余儀なくされ、特攻機を飛ばして死にもの狂いの交戦を続けることになる。

しかし、飛行機の供給、武器弾薬、燃料の不足などさまざまな問題が噴出、挽回は不可能だった。

早晩、日本は敗れる。国体の護持ははたして可能なのか。山本の胸中は複雑だったに違いない。

日本の敗戦を見ずにこの世を去った山本はある意味で幸せだったかもしれない。

ともあれ米国に一矢報いた武人として山本五十六の名は、今日なお広く国民に浸透しており、私自身、今回、永遠の武人、山本五十六を書く機会を得て心が躍る思いだった。

まずは山本の生まれ故郷、越後の長岡から筆を進めたい。

第一章　越後長岡

幼少から青春期へ

山本五十六は明治十七年（一八八四）四月四日、越後長岡に生まれた。現在の新潟県長岡市である（当時は高野姓）。

父高野貞吉《さだよし》は妻が産気づいたというので、産婆を迎えに走り、生まれたのが山本である。このとき父親は五十六歳だったので、名前が五十六になったという。嘘のような本当の話である。

母峯《みね》は高野家の四女である。父貞吉は家付きの長女と結婚したが、病死したためその妹と再婚、妹も病死したため四女の峯が貞吉の三番目の妻になった。子供は譲、登、丈三、惣吉らがいて、五十六は六男として生まれた。

当時、このような結婚は家を守るためにごく当たり前のことだった。

母は温厚な人で、

「五十《いそ》さ」

と呼んで五十六を可愛がった。

高野家は代々、長岡藩の儒官で、槍術の師範役も兼ねていた。貞吉の父、秀右衛門は戊辰戦争の時、薩長軍の攻撃で長岡城が陥落、城下が火に包まれたとき、火縄銃六挺を交互に使用し、敵兵十数人を倒し、敵中に突入、壮絶な戦死を遂げた人物だった。

山本には武人の血が強く流れていたのである。長岡では神社の祭礼に神楽、稚児《ちご》の舞が奉納される習わしがあった。剣を持って舞う剣舞、盆二枚を両手に持って舞う盆舞、大蛇を退治する蛇舞などがあった。

山本はいつしかこれらの舞を覚え、祭礼というと輪に入って舞った。後年、余興というと山本は盆舞をやって見せ、ヤンヤの喝采を博した。

長岡中に進学

地元の阪之上小学校を首席で卒業した山本は、旧制長岡中学校に一番で入学した。

この時代、新潟県には新潟中学校、長岡中学校、高田中学校の三校しか中学校がなかった。それだけにどこも俊英が集まり、長岡中学校の入学者は百人ほどだったが、一番というのは、大変なことだった。

学費は旧長岡藩士がつくった育英団体「長岡社」から出してもらった。これは大学や旧制の高等学校、専門学校への進学者を対象としたものだったが、唯一、例外が山本だった。

入学したころの長岡中学校は、長岡城跡にあった。以前は農学校で、校舎も茅《かや》葺き屋根の重々しいものだった。ほどなく長岡の郊外の四郎丸村に新校舎が完成した。

山本は勉強と運動を両立させ、運動では器械体操と野球が大好きだった。おかげで成績は一時期、十数番に下がったが、体を鍛えなければ、頭がよくても世の中の役には立たないと自分の将来を考えての体づくりだった。

あるとき野球の校内対抗で、二塁に向かった山本の頭部に、キャッチャーの送球がぶつかった。

「あッ」

と皆が息を飲んだ。山本は二塁ベースの近くでばったり倒れ、意識を失った。

「水をかけろッ」

仲間が慌てて水をかけるとパッと目を覚まし、二塁ベースに駆け込んで、皆をびっくりさせた。

給費生ということもあって、中学校の五年間は質素そのもので、教科書は上級生の物を自分で筆写し、学生服は五年間二着で過ごした。身長や胴のまわりが大きくなると、母が新しい布を継ぎ足した。靴は一足も履いたことはなく、下駄か草履だった。

当時の日本人はまだ貧しく、そうした人が大勢いたのかもしれないが、教科書を全部写すというのは、そうはいなかったであろう。教科書を全部、頭に入れるには、たしかにこの方法は効果があったに違いない。

山本の父は晩年、小学校の校長を務めた人物である。いくらなんでも息子の教科書を買えないはずはない。

山本は自らの考えで、上級生からゆずり受け転写したに違いなかった。これをやれば確実に覚えることができる。山本五十六式勉強法だった。こうしたエピソードの数々は、長岡中学校の後輩、反町栄一《そりまちえいいち》の『人間山本五十六』に、くわしく記述されている。

山本五十六の優れた伝記に阿川弘之の『山本五十六』がある。そこにこうあった。「反町栄一の著わした『人間山本五十六』という本は、山本の家系、出生、生い立ちから詳細をきわめたもので、郷党の人の、あばたもえくぼ式、都合の悪いことはあまり書かないという難を除けば、他に得がたい資料で、誰もこの本を無視して山本五十六を書くことはできない」

確かにその通りだった。

武士の子

成績はずば抜けてよかったが、色が黒く、わりと小柄で、どことなく無口な少年だった。性格もおとなしく、まさか軍人になるとは当時、だれも思わなかった。

山本がいつのころから海軍を目指したのかは、明らかでないが、長岡中学校に入学したころから軍人を脳裏に描いていたようである。

戊辰戦争の時、金を出せという薩長の官軍の理不尽な要求をはねつけ、開戦に踏み切った当時の家老河井継之助《かわいつぎのすけ》は長岡の英雄であり、山本も河井を尊敬、崇拝して育った。

長岡中学校時代、山本の親友に駒形宇太七がいた。二人が将来の夢を語ったとき、山本は、

「おれは海軍へ行く」

といった。駒形が、

「それはやめろ、どうせ薩摩、土佐の海軍だから先が案じられる」

というと、

「薩摩をやっつけるためだ」

といったという。

「越後もんは口が重い。その分、実直だ。雪国の風土がそうさせるのか。しかし鈍重のくせに用意周到でもある。山本が軍人をめざしたのは河井継之助の関係があるのでは」

といったのは、長岡の河井継之助記念館の館長を務めた故稲川明雄さんである。

なるほどそうかもしれない。

長岡藩が中央の政治に登場するのは九代忠精《ただきよ》のときである。寺社奉行、大坂城代、京都所司代を歴任、老中を二度務め、名君といわれた。

幕末、長岡藩は幕府よりであった。京都守護職を務めた会津とも友好関係にあった。会津攻撃のため越後に侵攻してきた薩長、土佐の官軍が会津攻撃の兵を出せ、金も出せと長岡藩に要求してきた。この時、家老の河井継之助は、

「一方的な要求ではないか。はいそうですか、というわけにはゆかない」

と、麻の袴を着けて単身官軍の宿舎である小千谷《おじや》の慈眼寺《じげんじ》を訪ね、土佐の参謀岩村精一郎《いわむらせいいちろう》、薩摩の淵辺直右衛門《ふちべなおえもん》、長州の杉山荘一《すぎやまそういち》、白井小助《しらいこすけ》らと会談した。

河井は初対面の挨拶を述べ、長岡藩はもとより朝廷に異心はないが、会津、米沢の兵が城下に入り、薩長は真の官軍にあらずという声もある。ために藩論が分かれて一定せず、種々の内情があり、今日までご挨拶が遅れた、と頭を下げた。

そして、願わくは時間を貸してほしい、藩論をまとめ、会津、桑名、米沢も説得する。戦争をすれば、人民に塗炭《とたん》の苦しみを与える、と長岡の心情を訴えた。しかし、土佐の岩村は

「問答無用」とにべもなくはね付け、会談はあっさり終わった。

「余はこのとき二十三歳である。家老などというのは皆藩の門閥のみで、いわゆる馬鹿家老が多い、河井もそうだと思った」

岩村は後年、悔やんだが、後の祭りだった。

「かくなる上は武門の習い」

と河井は開戦に踏み切る。

越後の史家、今泉鐸次郎は名著『河井継之助伝』で岩村を罵倒したが、越後口の参謀、長州の山県有朋《やまがたありとも》が、小千谷にいなかったことも不運だった。

越の山風

長州藩参謀、山県有朋に『越《こし》の山風』という回顧録がある。

河井が来たというのを知った山県は、急いで使いを走らせ、しばし河井を陣中にとめおくよう命じたが、河井は帰ったあとだった。

薩摩の黒田清隆《くろだきよたか》も河井に手紙を出したが、手紙は途中で失われ、河井の手には渡らなかったという。山県も黒田も河井の意向を聞く腹づもりはあったが、すれ違いに終わったことになる。

ただし、こうした話はのちに脚色された可能性もあるので、本当のところは分からない。あとから付け足した可能性の方が高いようにおもう。

長岡の戦争は激烈をきわめた。

河井は薩長軍を越後から追い出さんと、凄まじい勢いで戦った。

最初の戦場は小千谷と長岡の間にある朝日山の争奪戦だった。

戦争には会津や桑名も加わり、長州藩の奇兵隊司令時山直八《ときやまなおはち》を討ち取るなど、薩長軍をきりきり舞させた。

山県は同志の時山を殺され、

「おまえが河井を帰したためだ」

と皆の面前で岩村を罵倒し、岩村を軍監から軍曹に格下し、時山の弔い合戦として、一気に長岡城攻撃作戦を断行した。

この時期、雨が多く信濃川《しなのがわ》は増水していた。

河井は水が引いたら即、小千谷を攻撃することにしていた。

その矢先に攻め込まれた。

長岡奇襲作戦は奇兵隊の参謀、三好軍太郎が指揮をとった。三好は先手必勝と増水の信濃川を渡って奇襲攻撃をかけて来た。

長岡城にはわずかの兵しかおらず、霧のなかから現われた敵軍に狼狽した。

「なんだと」

郊外にいた河井は機関砲隊を率いて、城下に戻り、自ら機関砲を操って戦ったが、主力部隊は皆、国境に出ており、奮戦空しく長岡城を奪われた。

河井はその後、深夜に八丁沼を渡って城下に攻撃を加え、長岡城を奪還するが、この戦闘で河井が重傷を負い、主君以下兵は会津に逃れ、そこでまた敗退という悲惨な運命をたどる。

河井の死

河井は会津に通じる八十里峠を越え、会津に入った塩沢村の医師矢沢宗益《そうえき》宅まで来たところで動けなくなった。

死を予感した河井は従者の松蔵を枕もとに呼び、棺桶をつくるよう命じた。

松蔵は泣きながら棺桶と二つの骨壺をつくった。一つには土を入れておき、官軍に捕まったときは、土を入れた方をおいて逃げるためだった。

「ほう」

河井は満足そうにうなずき、それから、

「ひと眠りする」

といって人を遠ざけ、そのまま意識が戻ることはなく、静かに息を引き取った。

四十二歳の生涯だった。

もし河井がいなければ越後の幕末維新は、ごく平凡なものに終わっていたであろう。

しかし、河井が理不尽な薩長の要求を堂々とつっぱね、命を賭けて戦ったことで、長岡は天下にその名を高めた。

長州の主力部隊は会津攻撃に大幅に遅れ、会津に入ったとき、会津は落城寸前だった。

「いまごろなにをしに来たのか」

と薩摩に怒鳴られ、山県はすごすごと越後に戻るしかなかった。

戊辰戦争のとき、山本の父は銃士隊の司令官として参戦した。各地を転戦し、会津若松の戦闘で負傷し、戦後は天皇に弓をひいた賊軍として一時期、苦しい生活を強いられた。

長岡に残った祖父高野秀右衛門は城下に敵が迫るや、火縄銃六挺を交互に使って敵十数人を倒し、弾丸が尽きるや、槍をもって敵中に突入、壮絶な戦死をとげた。このとき七十七歳だった。

このため長岡は質実剛健の気風にあふれ、軍人の道に進む生徒が多かった。山本も「武士の子が武士になるのは、当たり前じゃ」といつもいい、軍人は当然の道であったが、なぜ海軍だったのかである。

一族に海軍将校がいたこともあるが、越後は海の国でもある。海は身近な存在だった。

尊敬する河井継之助が江戸から帰るとき、蒸気船を用い、これからは海の時代だと門弟にいい残したことも、関係したかもしれなかった。

山本は中学校四年生のとき、長岡中学校の先輩で、広島県江田島の海軍兵学校に在席する加藤哲平に手紙を出し、兵学校の事情を聞いていた。加藤からは次のように返事が来た。

「新潟中学校からは六人在学しているが、長岡からは二人しかいない。君のような秀才にはぜひ、来てほしい」

これを読んで、山本は一層勉学に精を出した。

山本は頭のいい少年だった。

第二章　海軍士官の道

海軍兵学校

目指す海軍兵学校のレベルは一高、二高、三高など旧制高校の上位校と変わらなかった。今日でいえば東大、京大、東北大など旧帝大や早稲田、慶応クラスであった。

入学試験は明治三十四年（一九〇一）七月九日、新潟で行なわれ、山本は志願者全体で二番の成績で合格した。

凄い成績といってよかった。

試験の成績は次のようなものだった。

代数七九、算術一〇〇、幾何九七、三角九五、漢文七〇、作文九〇、英文和訳七八、和文英訳七一、文法六二、総計七四二。ただし、反町の本には七四九とあった。秀才といってよかった

理数に強く、漢文、文法は苦手だった。

二番で合格できたのは、ひとえに算術、幾何、三角の得点が高いためだった。ともあれ超難関の海軍兵学校で二番である。新潟県の進学校、長岡中学校から、天下の海軍兵学校には二番で合格、それだけでも十分に秀才の名に値する。

海軍兵学校の同級生（三十二期）は三百余人、山本は元帥で別格だが、嶋田繁太郎《しまだはんたろう》、吉田善吾《よしだぜんご》ら三人の大将を輩出しており、優秀な学年だった。

兵学校の日々は厳しかった。行動は常に駆け足、上級生には絶対服従だった。夏は毎日三時間の水泳訓練があった。宮島までの遠泳もあった。午前七時に遊泳を開始し、戻るのは夜の八時だった。十三時間の遠泳である。これができない者は退校だった。四年生になると帆船の訓練があった。潮の流れや風の動きをつかむには、帆船が最高だった。

兵学校の生活を短くまとめるとそうなるのだが、不思議なことに、兵学校時代の山本のエピソードはあまり伝えられていない。

いったい、海軍兵学校の生活は、本当のところどのようなものだったのか。

四角四面

海軍兵学校四十三期の高木惣吉の回想、『自伝的日本海軍始末記』に、きわめて注目すべき記述がある。

山本は三十二期なので、十一年違うわけだが、基本的にはそう変わらなかったであろう。

高木も頭脳明晰《めいせき》、上位の成績で兵学校を卒業し、海軍大学校に進み、フランスのソルボンヌ大に留学し、太平洋戦争開戦時は海軍省の調査課長だった。

高木は熊本県の生まれで、通信講義録で三年独学し、東京で一年、物理学校の夜間部に通っただけというユニークな学歴の持ち主だった。

「兵学校に来て、どういう印象を受けたか」

と教官から聞かれたとき、同級生の江戸っ子が、

「四角四面だと思いました」

と答えた。

「それはどういう意味だ」

「読んで字のごとしです」

と反論したことが生徒の間に流れ、この生徒は、

「生意気な奴だ」

と上級生にボコボコに殴られた。

高木の第一印象は野蛮な学校だった。

兵学校は成績順に第一分隊から第十二分隊に分けられ、十三番目の者が第一分隊の次席についた。

誰が成績優秀で、誰がギリギリで入学したか分かる仕組みだった。山本は二番なので、一

年生の第二分隊長ということになる。

新入生は三号生徒、二年生は二号生徒、三年生は一号生徒といい、各分隊には三年生の監視役がついていて、後ろで見張っていた。

おかげで一年生は居眠りもできない。

これらの上級生は、勉強の手助けをするわけではない。もっぱら鉄拳をふりまわすだけなのだ。そういう悪役は成績劣等の落ちこぼれが多かった。一年生は彼らにとことんいじめられた。

入校して二、三ヵ月、高木は失望の毎日だった。

不満な生徒は顔にそれが出ているので、上級生にはすぐ分かる。いじめの対象になった。

そうなると、なにもかも面白くない。

親にさえ手をあげられたことのない頭を未熟な一号生徒に殴られ、教科書以外になにも読ませない硬直した教育と、教官たちの思想、教養の単純さに、高木はあきれかえる日々だった。

高木は三年生になったとき、鉄拳制裁反対の動議を出したが否決され、一年生は来る日も来る日も殴られていた。

一年生は奴隷で、三年生は天皇と呼ばれた。

結束と友情

二年生、三年生になっても高木の不満は解消されなかった。すべて授業は丸暗記、それも大砲、魚雷、機雷、航海兵器などの構造の暗記に大きく時間がさかれ、物理、数学、英語などの基礎科目はサシミのツマ扱いだった。それでもやめずにここにいたのは、同級生の結束と友情だった。

時代はかなり違うが、『山本五十六再考』の著者でもある七十一期の野村実は『あゝ江田島海軍兵学校—真継不二夫写真集』でこう回想する。

「満三年間の兵学校生活で、楽しいこと、苦しいこと、数かぎりなくあった。各分隊で行われる柔剣道、銃剣術、相撲の各競技、古鷹山の中腹の射撃場で行われる小銃や、重機関銃の射撃訓練、江田内に設けられた浮標の旗をまわる短艇の短距離競技や江田島から宮島までの遠漕競技、海に設けられた海水プールにおける水泳の短距離競技や中距離水泳競技、そして湾外まで出ての遠泳、四国の今治北方海浜における水泳訓練、宮島の霊場弥山における登山競技、土曜日の午後、決まって行われる江田島名物の棒倒し、土曜の夜から日曜にかけて行う帆走」

と日々を記述していた。

山本の日々は、どうだったのか。

二番で入ったということは、すぐ知れ渡ったので、上級生もうっかり手は出せない。多分、最初から別格扱いだったろう。

加えて暗記が抜群に得意だったので、どんなに悪くても、いつも十番以内の成績だった。

鉄拳制裁組のターゲットは、いつも弱い者に向けられる。

山本は殴られずにすんだに違いなかった。その分、反発心も弱く、どちらかといえば、平凡な生徒だった、

新潟県人会

唯一、山本のエピソードが残っているのは、新潟県人会での行動である。

兵学校の生徒は同郷意識が強く、新潟県人同士で校外に下宿を借りていた。

日曜日はそこに集まって酒を飲んだり、ワイワイガヤガヤ騒いだりするのである。新潟弁が使えるので、ここは気の休まる場所だった。

ある日のことである。

皆で酒盛りをはじめたが、山本は一人、部屋の片隅で聖書を読んでいた。

酔った一人の生徒が、

「なんだ、貴様は聖書など読んで、酒が飲めないのか」

と難癖を付けた。これもよくある話である。

一人超然として聖書を読んでいるのは、気になるものだ。この逸話、反町の表現ではこうなる。

「例によってはじめはニコニコ聞いていたが、酒の勢いを借りて余りにも、しつこく攻撃してくるので、ついに堂々とキリスト教とバイブルに対する自己の所感を述べた。この真剣な

態度に打たれて、この相手の酒の勢いもいずこへやら百方陳謝した」

本当にこういう状況だったのか、あるいは喧嘩になってしまったのか、誰かなかに入って止めたのか、推理はいろいろ成り立つが、多分、柳に雪折れなしで、さほどの波風は立たなかったに違いない。

山本は大袈裟に行動するのも嫌いで、さりげなく振る舞うことが多かった。

三年生のときに、同室の河野通徳がチフスにかかり見舞いにゆくと、河野は、

「これで卒業ができなくなった」

と嘆いた。

山本は黙って、それを聞いていた。

河野が全快して自室にもどると、自分のノートに入院中の講義が全部書いてあるではないか。明らかに山本の字である。

「申し訳ない」

というと、山本は

「おれは知らんよ」

といった。

河野はこれで勉強し、見事、卒業にこぎつけた。

山本は気配りの人だった。

河野は生涯、山本に敬意をはらった。

明治三十七年（一九〇四）十一月、山本は海軍兵学校を七番の成績で卒業した。首席は親友の堀悌吉だった。

第三章　日露戦争

装甲巡洋艦「日進」

当時、日本は日清戦争で勝利し、日の出の勢いだった。これにロシアが反発、清国国境に進出、日本はロシアと不穏な状態にあった。

ロシアは明治二十年、露清国境の金山に数千人のロシア人を送り込み、勝手に「ゼルトガ共和国」をつくり、清国軍隊と小競り合いを演じた。そしてハルビンを東洋のモスクワにするとして、アメリカの西部開拓をしのぐ勢いで、満州にロシア人を送り込み、明治二十四年（一八九一）にはシベリア鉄道の建設に着手、ウラジオストックには軍港も建設した。

日本は日清戦争のあと、清国に対して遼東《りょうとう》半島の割譲を求めていたが、ロシアはドイツ、フランスと手を組んで日本の動きを阻止し、清国を守るという名目で、ハルビンから旅順に至る東清鉄道の敷設権を手に入れ、旅順と大連を租借し、極東艦隊の基地とした。

ロシアは六十万人の自国民を移住させると豪語し、日本はノド元に、ナイフを突きつけられたも同然だった。

日本政府はこのままロシアの進出を放置すれば、日本本土が危ういと判断、明治三十七年（一九〇四）二月四日、日本は御前会議で、ロシアに対する国交断絶と開戦を決定した。

この戦争は朝鮮半島と満州の支配権をめぐる日本とロシアの本格的な国家間の戦争だった。

明治の日本は強かった。

苦戦を強いられながらも、旅順を陥落させ、東洋艦隊をほぼ全滅させた。しかし、ロシアは北欧のフィンランド湾のクロンシュタットにバルチック艦隊を保持していた。これが旅順や大連に入れば、戦局は逆転し、ロシアが勝利する可能性は大だった。

バルチック艦隊出航の情報を得た日本海軍は皇国の興廃、この一戦にありと考え、東郷平八郎司令長官に出動を命じた。

山本も士官候補生として装甲巡洋艦「日進」の乗り組みを命ぜられ、戦場に向かった。

山本が乗る「日進」はイタリアで竣工した新鋭艦で、十インチ砲を装備した七千七百トンの装甲巡洋艦だった。アルゼンチンが注文した軍艦だったが、これをロシアが購入する動きに出たため、日本は急きょアルゼンチン政府に依頼し、同型の「春日」と一緒に譲り受けた。

日本はタッチの差で新鋭艦を手に入れることができた。

明治の日本は、今日では考えられない強力な軍事国家だった。

十月十五日にリバウ港を抜錨したバルチック艦隊の動向は着々、同盟国のイギリスから日本に伝えられた。

その規模は戦艦七隻、巡洋艦六隻、駆逐艦若干、その他特務艦、輸送船多数、合わせて五十隻近い大艦隊だった。

途中で帰る船もあるだろうが、日本近海まで少なくとも三十隻は来るだろうと思われた。ただし艦艇の多くは老朽化が目立ち、整備にかなりの時間を要したということだった。

乗組員は一万二千人、その食糧もまた膨大だった。それに、機雷、砲弾、耐寒服、防暑服を積み込んだので貨物の量もロシア海軍はじまって以来だった。

船足は遅く日本近海までの航海は数ヵ月が見込まれた。

「与《くみ》しやすし」

日本海軍はそう感じていた。

山本はまだまだ航海の経験は乏しかったが、ぼろぼろに疲れてやってくるに違いないという予感だった。

そこをいかに叩くかである。

日本海軍は旗艦「三笠《みかさ》」を中心に「朝日《あさひ》」「初瀬《はつせ》」「敷島《しきしま》」「富士《ふじ》」「春日《かすが》」「日進《にっしん》」で第一戦隊を編制、「吾妻《あずま》」「常磐《ときわ》」「八雲《やくも》」「浅間《あさま》」「磐手《いわて》」で第二戦隊、「笠木《かさぎ》」「千歳《ちとせ》」「高砂《たかさご》」「吉野《よしの》」で第三戦隊、「浪速《なにわ》」「高千穂《たかちほ》」「明石《あかし》」「対馬《つしま》」の第四戦隊で迎え撃つことになっていた。

しかし、日本の連合艦隊にも問題ありだった。

事故が頻発していた。

旅順港の作戦で巡洋艦「吉野」と「春日」が衝突し、「吉野」が瞬時に沈没、艦長以下三百十九人が艦と運命をともにした。それだけではない。

戦艦「初瀬」と「八島」が機雷に触れて沈没、特務艦「大島」と「赤城」が衝突、駆逐艦「暁」も機雷に触れて沈没、六日間で、五隻の艦艇を失った。

なぜ衝突が起ったのか。

レーダーもソナーもない時代である。見張り不十分のほかに霧による不可抗力もあった。それだけに、一瞬にして悲劇が起こることもあり得た。

敵艦見ゆ

明治三十八年（一九〇五）五月二十七日、哨戒艦「信濃丸《しなのまる》」から五島列島西方の沖合で灯火発見の電報が入った。「信濃丸」は接近してバルチック艦隊を確認、

「敵の艦隊、二〇三地点に発見、時に午前四時四十五分」

と打電してきた。

山本は夜半の十二時から午前二時までの見張りを終え、吊床に入って仮眠していた時、耳元で、

「艦長、敵艦見ゆの報告がありました」

という士官候補生の声を聞いた。

山本はガバッと跳ね起きた。

全身がぶるぶる震えた。

バルチック艦隊がどこを通って、ウラジオストックに入るかが大きな問題だった。日本海か、太平洋かである。

艦隊は全員が日本海に入ってくることを望んだ。待ち伏せて一気に粉砕することが可能だったからである。

バルチック艦隊のロジェストウェンスキー司令長官としては、日本の連合艦隊に遭遇せずにウラジオストックに入港できれば、最高だった。

そのためには太平洋を北上し、津軽海峡から日本海に抜けてウラジオストックに向かうのが最適だった。これだと日本艦隊は分散せざるを得なくなり、力は半減するはずだった。

だがバルチック艦隊の航海は限度に達し、乗組員は一日も早い入港を願っていた。新鮮な野菜も肉も切れていた。多くの水兵が疲労困憊《ひろうこんぱい》していた。

ロジェストウェンスキーは日本海を強行突破するしかなかった。

これは重大な賭けだった。

通過できるかどうかは五分五分だった。それを覚悟でバルチック艦隊は日本海に入って来た。

東郷提督は勝てたと思った。

山本は甲板に駆けあがった。

各艦ともに点火し、黒煙がもうもうと空をおおい、中空には満月が輝いている。その壮絶な光景に胸が震えた。

やがて旗艦「三笠」に信号があがり、各艦一斉に錨をあげ、鎮海湾から勇気凛々、対馬の方向に向かった。

駆逐艦と水雷艇が先航した。機雷を敷設するためである。

白々と夜が明けてきた。

天気晴朗《せいろう》なれども波高しである。

駆逐艦や水雷艇が木《こ》の葉のように波間に見え隠れしていた。海底の藻屑になろうとも、決してこのままでは帰らないと、全員、士気を鼓舞して胸を高鳴らせた。

午前十時、「日進」では艦長竹内平太郎大佐が、総員を甲板に集め、訓示をした。

「待ちに待った敵艦隊が間近に進んで来た。彼と一大決戦を行ない、国運を賭けて勝敗を一挙に決するは二、三時間の後に迫った。しかし憂うることはない。神のごとき東郷大将が『三笠』におられる」

竹内大佐はこういい、さらに、

「われら多く旅順方面の大小幾多の海戦に参加した歴戦の勇士である。今日まで鎮海湾にあって日夜、大砲に水雷にと熟練を重ね、その磨きあげた腕を示すは実に今日である。

バルチック艦隊、なんら恐るることはない。沈着冷静を旨とすべし。故国を仰げば畏くも天皇陛下をはじめ奉り、国民上下あげてわれらの勝利を祈っておる。われらはこの重任を完成させなければならぬ。いざ慎みて天皇陛下万歳を奉唱せん」

と声をはりあげ、一同、万歳を三唱した。

無電は刻々、敵艦隊の接近を告げていた。

「腹が減っては戦はできぬ」

と、十時五十分に昼食と菓子が支給された。

山本は二十一歳の初陣である。新しい下着に着替え、両親の写真を懐に納め、候補生一同、第一戦隊司令官室に並び、両陛下と皇太子のご真影を拝したあと、杯をあげて勝利を祈った。

このあともう一度、天皇陛下万歳を三唱し、各自の武運長久を祈り、会食をして互いに握手し、配置についた。

東郷平八郎は七段階の戦法を用意していた。

第一段は駆逐艦隊、水雷艇隊の奇襲戦法である。機雷を敷設し、敵の混乱を誘い、そこに奇襲攻撃をかける戦法である。しかし波が荒く、水雷艇は走れない。この作戦は中止された。

こうなれば正面突破である。

午後一時四十五分、忽然と敵艦隊の艦影が現われた。総数三十隻を数える堂々たる艦隊である。ニコライ皇帝に忠誠を誓う誇り高き艦隊である。

山本の緊張は高まった。

Z旗

そのとき、「三笠」にサッと大戦闘旗があがった。戦闘開始である。

旭日旗《きょくじつき》が青空に翻るさまは壮絶である。山本は身震いした。次の瞬間、一旒の鮮やかな旗が青空に舞った。

「皇国の興廃この一戦にあり、各員一層奮励努力せよ」

という赤、黄、青、黒のZ《ゼット》旗である。これを見た艦長が総員に、奮励努力を告げ、士気はますます高まった。

バルチック艦隊は二列縦隊に進んで来た。

山本は固唾《かたず》をのんで見つめた。

午後二時五分、敵前八千メートルの距離に来たときである。

「三笠」は敵前百五十度の左大回頭を行なった。

敵艦隊の頭を押さえながら全艦艇で敵の先頭艦を砲撃する作戦である。

バルチック艦隊は大混乱に陥った。

あわてて舵を切って、進路の変更をはじめ、距離七千メートルからバラバラに砲撃を開始した。

「三笠」はまだ無言のままである。

距離四千六百メートルで、はじめて砲撃を開始した。五時間に及ぶ大決戦の火蓋が切られた。連合艦隊は蟻の軍団のようにバルチック艦隊を包囲し、砲弾の雨を降らせた。耳をつんざく砲撃戦である。

「日進」は全力で戦った。

狙うのは旗艦「スウォーロフ」と戦艦「オスラービア」である。

「スウォーロフ」は開戦早々に司令塔に直撃弾を受け、提督ロジェストウェンスキーが頭に砲弾の破片を受けて昏倒、意識を失った。これで動転し、指揮命令系統が崩壊した。

九百人いた乗組員は半分以下が戦死し、甲板は修羅場と化した。旗艦は戦闘不能になり、提督は駆逐艦に移された。

抵抗していた「オスラービア」は激しく傾いて沈没した。

午後七時二十分までの間に敵艦隊の八割を撃破した。敵も全力を尽くして戦った。

「日進」にもガンガン砲弾が命中した。被弾八発に及び砲塔が吹き飛び、艦橋も被弾した。三門の主砲も破壊された。

山本は戦闘の凄さに、体が震えた。

山本重傷

山本は艦長付きとして前艦橋にいて、身を震わせて必死に戦闘報告を書いていた。

午後四時だった。

「グアン」

一発の砲弾が「日進」の前部砲塔に轟然と炸裂した。

破片が司令塔に飛び込み、さらに前艦橋をも吹き飛ばした。爆風で山本も飛ばされた。

下半身に焼けるような痛みが走り、左手から鮮血がほとばしり、人差し指と中指が皮一枚でわずかにつながっていた。山本は顔面蒼白となった。

急いで胸ポケットから白布を取り出し、傷口を押さえた。白布はたちまち真っ赤になった。右足もひどく痛んだ。ズボンも血まみれである。

こむらの肉をけずり取られていた。

「ううう」

山本は起きあがることができなかった。

戦闘中なので下部の甲板に運ばれ、応急手当を施され、大勢の怪我人と一緒に戦闘が終わるまで、ここに横たわっていた。撃ち方止めの声が聞こえ、万歳が聞こえ、勝利したことが分かった。

重傷の兵は佐世保の海軍病院に送られることになり、ランチに乗せられた。

「頑張れ」

皆が見送ってくれた。

山本の怪我は重傷だった。

組織がひどく傷つき、片腕切断の危険もあった。片腕を失えば退官になる。

「ううむ」

海軍病院の軍医は深刻な顔をした。

「なんとか切らないで下さい」

山本は懇願した。

「うむ、努力してみよう」

軍医が約束してくれた。手術は数時間かかり、なんとか切断せずにすんだ。

足の傷は幸い血管と神経が残っていたので、全身麻酔で手術を行ない、壊死状態の肉を取り除いた。

山本は辛うじて指二本を失っただけですみ、海軍に軍籍をおくことができた。まさにすべてが紙一重だった。

佐世保海軍病院から両親に出した手紙が残されている。

傷は左手の指二本と右足の肉少々、憂いるに足らず

昨三十日愈《いよいよ》入院、異常これなく候えば、ご安心下されたく候、

区々たる微傷をもってこの大勝の万一に値せしことを思えば、むしろ感泣に堪えず、

艦長以下の丁寧なる慰籍に対しても速やかに回復し、来るべき次回の戦いにこそ、

花々しく討死にを遂げんものと、偏に祈りおり候

敵の長官ロジ将軍もあわれ捕虜として昨日本病院に入院いたし候（略）

明治三十八年五月尽日　五十六

父上様

母上様

山本の人柄がにじみ出ている手紙である。

この程度ですんだことは幸いだった。左腕を失っていれば、山本提督は誕生しなかった。

第四章　山本五十六誕生

米内光政と同居

明治三十八年（一九〇五）八月、山本は海軍少尉に任ぜられた。四十年（一九〇七）九月には中尉に進級し、四十二年（一九〇九）には大尉に任ぜられ、砲術学校の教官になった。

ここまでとんとん拍子だった。

山本はついていた。

上司は、なんとのちに海軍大臣、総理大臣を歴任する米内光政《よないみつまさ》だった。

米内は岩手県盛岡（旧南部藩）の出身、同じ奥羽越列藩同盟ということで、お互いの信頼が強かった。米内は口が重く、阿川弘之に言わせれば、極端に無口で、行動も鈍重な感じの人物だった。

山本にとって、こせこせしたところがない米内は、安心して身を任せることができる先輩だった。

二人は一つの部屋に、ベッドを二つ並べて寝起きをともにした。

常に米内は兄、山本は弟だった。

米内の海軍兵学校の卒業成績は同期生（二十九期）百二十五人の内六十八番、成績からみれば、とても海軍大臣、内閣総理大臣になれる人物ではなかった。

無口で鈍重ではあったが、人の面倒を見ることは他の誰にも負けない人の良さがあった。酒はめっぽう強く、酒が入ると雄弁になり、それでいて酔態を見せることはなく、身だしなみもいつもキチンとしており、尊敬出来る大先輩だった。

山本は生来、口が重く、出来の悪い相手には冷たいところがあった。長岡中学校の後輩にあたる半藤一利《はんどうかずとし》は『山本五十六の無念』（恒文社）で山本の性格をこう語っている。

「山本という軍人には、越後人特有の孤高を楽しむ風があった。口が重く、説明や説得を嫌った。結論しか言わない。わからぬものに、おのれの内心を語りたがらず、ついてくるもののみを好む傾きがある。偏愛である。わからん奴には説明しても分からん、と木で鼻をくくったような横着なところがあった。ある意味では陰鬱でありながら、悪く言えば偏狭我執《へんきょうがしつ》、人見知りする面が強かった」

米内はそんな山本をわけ隔てなく面倒をみた。米内は海軍大臣になった時、山本を次官に迎え、名コンビと周囲から評判だった。

ある日、井上成美軍務局長が用事を思い付いて、米内大臣の官邸に行くと、米内が袴をはいてあぐらをかいて、座っていた。その側に山本が手枕をして横になり、二人でいいたいことを言い合っていた。

その光景は大臣と次官ではなく、気をゆるしあった友人同士の光景だったと、阿川弘之の『米内光政』にあった。

この時期、陸軍は日独伊の三国同盟に賛同していたが、米内も山本も反対だった。米国を敵に回してはならない。ドイツの魂胆は日本人は小器用で、下足として使うには便利な国民と見ているのだ。ヒトラーを信用するなど愚の骨頂《こっちょう》というのが二人の見方だったが、結局、陸軍に押し切られ、海軍も同調することになり、日本は破滅への道を選択する。これが日本転落の始まりだった。

反町栄一

山本には有能なライターが付いていた。長岡中学の後輩、反町栄一《そりまちえいいち》である。反町は文才に富んだ郷土史家で、山本が帰郷すると、高野家から連絡があり、高野家に入り浸って、山本の近況を記録してきた。

陸軍は拡大路線を取り、日中戦争は泥沼の状態だった。陸軍は中国の背後にある米国を敵視、日米戦争を模索する動きに出ていた。米国を知る山本は、日米友好を主張したが、その声はかき消される状況にあった。

軍人である以上、戦場に命を捧げることはいとわない山本である。しかし自分の考えは述べておきたいという思いがあったに違いなかった。

反町はしばしば山本から呼び出され、東京に出かけて山本の日々を記録するようになった。さらに四季折々に反町に手紙をしたため日々の出来事を伝えた。

反町は山本の戦死後、書簡、日記などを整理し、昭和二十九年、日本互尊社発行の月刊誌に連載で掲載、全国各地から大きな反響があり、昭和三十一年、『人間山本五十六』をまとめ、その後、昭和三十九年に改訂版『人間山本五十六―元帥の生涯』(光和堂)を発刊、山本五十六研究の原点になった。

軍人は戦場に出れば、命掛けで戦っていた。

いつかは斃れる日が来るに違いない。郷里、長岡の人々に、自分の生きざまを残しておきたい。山本にはそうした願いがあったに違いない。おかげで山本五十六の魅力を余すところなく知ることが出来た。

横須賀時代は、江田島の同級生、堀悌吉とも一緒の下宿で過ごした。そこは横須賀の尾張屋という呉服店の二階で、ともに歌を歌い、屈託《くったく》のない余暇を過ごした。

山本は、しばらくの間、ある問題に悩まされた。砲身爆発である。

山本の負傷は敵弾によるものではなく「日進」の大砲が爆発したためではないかという噂があった。

砲身内に刻まれたライフルに、傷があったり、妨害物があったり、砲弾自体に割れ目があったりすると、砲身の爆発――腟発《とうはつ》が起こる事があった。

「腟発」が事実であれば、山本には大きな悔いが残る負傷だった。

日露戦争後、山本は順調に出世する。

大正元年、佐世保予備艦隊参謀に抜擢され、大正三年（一九一四）には、横須賀鎮守府副官兼参謀に選ばれ、翌大正四年（一九一五）、海軍少佐に昇進した。

この間、大正二年（一九一三）、山本は父を失った。八十五歳の生涯だった。同じ年、母も他界した。山本は母危篤の知らせに海軍大尉の礼服を持参し、これを着て重体の母に見せることができた。

実はこの時期まで山本は高野姓だった。

山本を名乗るのは大正五年（一九一六）である。

山本家

山本家は長岡藩の家老を務めた家柄で、長岡戦争の時、当主の山本帯刀《やまもとたてわき》は大隊長として戦い、長岡城陥落のあとは、会津若松に向かい、薩長軍と戦闘を続けた。

しかし会津城の西南、一の堰《せき》の戦いで、不意に土佐の大軍に取りまかれ、降伏を求められたが、

「藩主われに戦いを命ぜしも、まだ降伏を命ぜず」

といって拒絶し、斬首された。

帯刀には渡辺豹吉《ひょうきち》という少年がついていた。

「命だけは助けて下され」

豹吉は哀訴した。

「捕虜の分際でなにをいうか、見苦しい」

土佐兵ははね付けたが、まだ少年ということで上官がこれを許した。すると豹吉は主人帯刀の遺骸をもらいうけ、地元の人の助けを借りて手厚く葬った。これがすむと豹吉は、ふたたび土佐の陣営に出頭し、斬首を願い出た。

「そちはなぜ、先には卑怯な振る舞いをして、今度は勇気ある行動に出たのか」

と土佐兵が問い質した。

「主人の遺骸が空しく葬り去られるのが、忍びず、埋葬するために命ごいをした。もう命を惜しむ必要はない」

と自刃せんとしたので、その忠烈に感じ入り、望み通り斬首した。これは美談として後世に伝えられた。

山本帯刀は、このとき四十三歳。以来、山本家はお家断絶のままだった。旧長岡藩主牧野忠篤子爵の勧めで、五十六が長岡の名家山本帯刀家の養子に入り、姓を高野から山本に変えた。

山本五十六の誕生である。

周囲の証言

山本はいかなることも自慢することはなく相変わらず、寡黙《かもく》だった。いつも黙々と与えられた仕事に邁進した。

大正六年（一九一七）には海軍省軍務局に転任となったが、日々、飛行機の通信や兵の教育を担当し、まじめそのものの勤務だった。

このころ、海軍軍令部長の要職にあった土佐出身の島村速雄《しまむらはやお》が山本に注目した。島村は日露戦争の開戦時の連合艦隊参謀長、日本海海戦時の第二戦隊司令官で、戦略、戦術に優れ、バルチック艦隊は最短距離をとって対馬海峡に入ってくると予言した人物である。東郷平八郎の側近だった。のちに元帥になっている。

ある日、山本が軍令部の会議室にひょいと顔を出すと、そこに島村大将がいた。

「おい山本君、君の名前は五十六といわれるが、それは君が生まれたときに、父上の年齢からつけたのだろうな」

と島村大将がいった。

山本はにこりともせず、

「はい、そうです」

といった。若干、はずかしい気もあった。

「そうだろう。ときに君の父上は元気かね、さだめしご満足のことだろう。実はわが輩にも男の子がいる。君のような立派な人になれたらなあ」

と島村は話を続けた。

島村はよほど山本のことが気に入っていたらしい。山本をいつも気にかけてくれた。

佐賀藩士の三男に生まれた安保《あんぽ》清種《きよかず》大将も、山本に期待を寄せた一人である。安保は砲術の大家で、日本海海戦では、旗艦「三笠」の砲術長だった。

この人は機転がきいてユーモアがあった。バルチック艦隊の戦艦にあだなを付けたのはこの人である。

旗艦「クニヤージ・スワロフ」は「国親父、座ろう」であり、戦艦「アレキサンドル三世」は「呆れ三太」、戦艦「ボロジノ」は「ぼろでろ」だった。

「いま、ぼろでろに砲弾命中」

「親父座ろうが、火災を起こしておるぞ」

と水兵を鼓舞した。

安保は大正五年に海軍大臣に就任した。海軍の人材の話になったとき、

「山本少佐は評判がいいね。島村大将が将来、役に立つ男だといっておった」

と発言し、山本は皆の注目を集めた。

なにごとも、手を抜かずにやり遂げる山本の粘り強さが上司に評価された。

妻は会津の女性

山本は三十五歳になっても、未婚だった。

月給の半分ちかくを兄弟や恩師のために送金していた。高野家の嫡男の学費も山本が負担した。このためとても結婚できなかった。

しかし、すぐ上の兄五男の季八が歯科医院を開き、経済的に安定したので、ようやく結婚の環境が整った。

縁談の話はいくつもあった。

将官の娘、長岡の資産家の令嬢などだったが、軍人はいつ戦死するか分からない。それなりの覚悟を持った女性がいいと思っていた。

そのとき、会津の女性との縁談があった。

戊辰戦争のとき、長岡薄と会津藩は同盟関係にあり、長岡藩主もある時期、会津若松に避難していた。

見合いした相手は三橋礼子《みつはしれいこ》といい、実家は会津若松で牧場を経営していた。

礼子の父三橋康守は会津藩士の家に育ち、戦争のときは年少だったので、戦場に出ることはなかった。戊辰戦争後、農場を経営、北海道から種イモを取り寄せてジャガイモをつくったり、トマトをつくったりした。

その後、朝鮮に渡り、手広く牧場を経営した。士魂商才というか、会津士族には珍しいタイプの人だった。

三橋の一族に東大病院の医者をしている水野礼司がいた。同じ病院に山本の姪、高野京が婦長として勤務していた。山本はときおり病院を訪ね、ふとしたことから水野医師とも知り合いになった。

山本が独身と聞いた水野が、「会津にいい娘がいる」と三橋礼子を紹介した。会津高等女学校卒の才媛である。

当時としては大柄で、身長は山本とほぼ同じぐらい、山本は礼子の写真を見て一目惚れした。

会津には、なんともいえない親近感もあった。色白の美人だった。

「決めた」

と山本は叫んだ。

見合いは会津若松の東山《ひがしやま》温泉で行なわれた。

山本は体の傷を気にしていた。銭湯に入るときは、いつも最後の落し湯に入った。自分の傷が人に不快感をあたえないかという配慮からだった。

見合いのとき、山本は礼子の兄と一緒に温泉に入り、兄に体の傷をみせ、

「こんな体でよいか」

といった。

「名誉の負傷ではないか」

兄がいった。

仲人は三橋家の遠縁に当たる仙台出身の四竈孝輔《しかまこうすけ》大佐で、東京の水交社で簡素な結婚式をあげた。

ここで海軍大学校甲種学生卒業後からの山本の経歴を記述しておきたい。

大正五年（一九一六）十二月一日、海軍大学校甲種学生卒業。第二艦隊参謀
大正六年（一九一七）七月二十一日、海軍省軍務局員
大正八年（一九一九）四月五日、米国駐在。十二月一日、中佐
大正十年（一九二一）八月十日、軽巡「北上」副長。十二月一日、海軍大学校教官
大正十二年（一九二三）六月二十日、欧米出張。十二月一日、大佐
大正十三年（一九二四）三月三十一日、横浜帰着。六月十日、横須賀鎮守府附。九月一日、霞ヶ浦海軍航空隊附。十二月一日、霞ヶ浦海航空隊副長兼教頭
大正十四年（一九二五）十二月一日、駐米大使館附武官
昭和三年（一九二八）三月十五日、海軍軍令部出仕
昭和三年八月二十日、「五十鈴」艦長、十一月八日、海軍軍令部出仕兼海軍省出仕。ロンドン軍縮会議全権委員随員。十一月二十日、少将
昭和五年（一九三〇）九月一日、海軍航空本部出仕。十二月一日、海軍航空本部技術部長
昭和八年（一九三三）十月三日、第一航空戦隊司令官
昭和九年（一九三四）九月七日、軍縮会議予備交渉帝国代表。十一月十五日、中将
昭和十年（一九三五）十二月二日、海軍航空本部長
昭和十一年（一九三六）十二月一日、海軍次官
昭知十三年（一九三八）四月二十五日、兼海軍航空本部長
昭和十四年（一九三九）八月三十日、連合艦隊司令長官兼第一艦隊司令長官

昭和十五年（一九四〇）十一月十五日、大将
昭和十六年（一九四一）八月十一日、免兼職

（『戦史叢書ハワイ作戦』）

山本五十六といえば連合艦隊司令長官の印象が強いが、よく経歴を見ると、艦艇ではなく航空一筋の生涯だった。この事実に注目しないと、山本の本質は理解することが困難である。山本は飛行機の男だった。

第五章　アメリカ留学

ハーバード大学

新婚八ヵ月、大正八年（一九一九）四月、山本は語学研修と国情研究のためにハーバード大学留学を命ぜられた。

海軍は俊英を多くアメリカの大学に送り込んでいた。いまと違って単身赴任である。

五月二十日、山本は日本郵船の「諏訪丸」でアメリカに向かった。四、五日過ぎると、船内で演芸会がはじまった。

日本人はシャイなので、なかなか出る人がいない。そのとき山本がさっと皆の前に出て、台の上で逆立ちをした。

会場は、やいのやいの喝采だった。山本はさらに皿二枚を借りて、それを手の平にのせたまま宙返りをやって見せた。これは子供のころ、長岡の鎮守の祭りで覚えたものだった。この日から山本はすっかり人気者になった。

サンフランシスコからワシントンに向かった山本はここで四日ほど見物し、ボストンに落ち着いた。

山本のアメリカでの最初の一年間は、学問中心の生活だった。ハーバード大学で、経済学と外国人向けの集中的な英語の授業を受講した。

ブルックラインの近くに家を借りていたので、彼はチャールズ川を渡ってケンブリッジにあるキャンパスに通った。

ハーバード大学は大勢の偉人を輩出していた。ジョン・アダムス、セオドア・ルーズベルト、フランクリン・ルーズベルトらの卒業生がいたし、その後、ジョン・F・ケネディ、ロバート・マクナマラ、ジョージ・ブッシュらも学んだ。

しかし、山本が一番惹かれたのはハーバードの卒業生ではなく、貧しい生まれでありながら大統領の座に就き、さまざまな闘いを経て「奴隷解放の父」としてその名を知らしめたリンカーンだった。

奴隷解放を掲げる北軍に敬意を表し、その代表者であるリンカーンを尊敬した。これがいつしか山本の心情になった。

賭博の天才

山本は多彩な人物だった。

賭け事が大好きで、賭博《とばく》の才能は人を驚かせるのに十分だった。初めて訪れたカジノで周囲を驚かせる勝ちっぷりを見せ、カジノの支配人に「出入り禁止」を告げられたという伝説を残しており、将棋、麻雀《マージャン》、花札《はなふだ》、ルーレット、勝負事は何でもござれだった。

「アメリカやヨーロッパで何年か遊ばせてくれれば、軍艦一、二隻ぶんの金を稼いでみせますよ」

と、こともなげに豪語していた。

先日亡くなった山本の長岡中学校時代の後輩、半藤一利《はんどうかずとし》氏の『山本五十六の無念』に山本の人柄が余すところなく記述されている。逆立ち、皿回し、淡海節、チャッキリ節、小学唱歌を歌い、越後の盆踊りも踊ったというから、ものおじしない多芸の人物だった。

それでいて寡黙《かもく》で、孤高を楽しむ風もあり、わからん奴には説明してもしかたなしという異端の思考の持ち主でもあった。

当時、アメリカの日本人留学生は五十人ほどいた。ハーバード大学留学中の山本の楽しみは、留学生仲間との将棋だった。

森村勇、山崎清一郎、白石琢二、綾部直、小熊信一郎らが集まり、将棋を楽しんだ。小熊とは同じぐらいの腕で、よく指した。

ある日、小熊は五番続けて山本に負けた。

いつもは三対二ぐらいの勝負で、山本が少し強かった。しかし五連敗ははじめてだった。

「将棋も五番や七番指したぐらいでは、本当の腕は分からないな」

悔し紛れに小熊がいった。すると、山本が、

「じゃあ、何番指せば分かるんだ」

珍しくむっとした顔でいった。すると小熊はカッとなり、

「へたばるまで指さなきゃ」

といった。

売り言葉に買い言葉である。

「よし、日をあらためてやろう」

「よかろう」

となった。もはや果たし合いの雰囲気である。

とんだことになったと幾分、後悔したが、もう手遅れである。

山本も真剣だった。にわかに長岡藩士の末裔の血がたぎった。いささか大袈裟だが、墨で

お互いに守るべきことも書いた。

一、来る土曜日午後九時より勝負開始の事

一、勝負中は両便のほか絶対に席を動かざる事

一、食事は座右のパンをかじりながら勝負を続ける事

この決戦、たちまち留学生仲間の評判になった。

「さすがは山本少佐だね、見ろよ、墨書だよ」

「小熊君も負けずぎらいだからなあ」

「どっちが勝つと思う」

「決まっているだろう、山本さんだよ」

よるとさわると、この話題で持ち切りだった。

七十五番勝負

山本は百番勝負を覚悟していた。一回三十分として二日二晩はかかる。

山本は勝敗を記録するグラフをつくり、サンドイッチや果物を買って袋に詰め、小熊の下宿に乗り込んだ。

日本にいては、とてもこんなことはできない。上層部に聞こえたら、

「なにをやってるか」

とどやされる。

二十人ほどの観客が周囲を固めた。

観客ははじめこそ神妙な顔つきだったが、次第に飽きてしまい、

「悪いが、ちょっと用事がある」

といって一人減り、二人減り、いつの間にか二人だけになってしまった。朝になると、留学生仲間が弁当を持ってやって来る。

「どっちが勝っていますか」

「やっぱりねえ」

「まあ休憩して食べて下さいよ」

「よくやりますね」

などとワイワイガヤガヤである。この勝負、勝敗の記述がない。しかし察するに山本が優勢だったろう。二日目の昼ごろである。観客もすっかり飽きてしまった。

段々、指し方が乱雑になって、相手の駒の動きも見ないで指してしまう。ひどいときは一番十五分ぐらいで終わってしまう。もういやになってきたのだ。そのうちに観客がトランプをはじめた。

「あっちの方がおもしろそうだなあ」

と山本がいった。もう勝負はついたも同じだった。おそらく山本の圧勝だったのだろう。

「トランプにしようか」

山本が終了宣言をした。時間はときに二日目の夜十一時だった。開局以来、実に二十時間、七十五番の勝負だった。

それから十三年後のことである。

実業界で活躍している小熊のところに、ロンドンから手紙が来た。ロンドン軍縮会議の日本代表、山本五十六海軍少将からである。

「ええッ」

小熊は驚いて封を切った。

「あの二十六時間ブッ通しの頑張りでやるから安心されたい。この度の会議は所詮、成立する望みはないかもしれないが、自分はあくまで相手国に日本の正しい要求を理解させるために最善の努力を払い、闘って闘い抜いて、相手を根負けさせる」

と書いてあった。

「山本さんは、あのことを覚えていてくれたのだ」

小熊は感無量の面持ちで、目がしらを押さえた。あとはもう言葉にならなかった。

米国での二年間、山本はどう過ごしたのか。日本の文献は正直希薄《きはく》だったが、ボストン大学のジャーナリズム学のディック・レイア教授の『アメリカが見た山本五十六』が出版されたことで、米国時代の山本が、いっそう明らかになった。

飛行機の時代

アメリカに来て一年が過ぎたころ、山本はハーバード大学を去り、ワシントンDCに向かった。日本大使館で海軍駐在武官に就任した。

山本の学び場は、蔦《つた》で覆われたハーバード大学のキャンパスではなく、アメリカという国そのものだった。

山本はデトロイトに向かい、自動車工場を見学し、西部の石油精製工場も見学、石油産業や石油の埋蔵量を熱心に尋ねた。当時はまだ日本と米国の関係が良好だったので、誰もが山本をあたたかく迎えてくれた。

米国は資源が豊富で、生産能力も高く、世界第一級の国家であることを認識した。

日本海軍は石油の安定供給をどうするかの問題を抱えていた。いくら艦隊を整備強化しても、石油がなければ走れない。石油の確保は日本海軍の重要な課題だった。

当時、イギリスがアメリカよりも早く航空隊を発足させ、飛行甲板を備えた世界初の空母「アーガス」を完成させ、飛行機を飛ばしていた。これに遅れてはならないと米国でも航空戦力への移行が進んでいた。

山本が日本でやろうとしてきたことそのものだった。山本は戦艦よりも飛行機の方が海軍の主力になると考えていた。

「これだな」

山本はアメリカにいる間も、ひたすら「海軍航空隊」の構想を練った。大空を飛び爆弾を落とす。海であろうが街であろうが、自由自在に敵を攻撃できる。

その幅の広さは軍艦どころではなかった。いずれ大型の飛行機が開発され、軍事物資や兵を運ぶこともできるだろう。問題はいろいろあるが、一番は飛行機を飛ばす燃料、石油が日本にはない。鉄鉱石、金銀銅、鉱物資源もない。

陸軍は中国に資源を求めたが、中国がいつまでも日本のいいなりになっているはずはない。山本は日本を取り巻く環境を厳しく見つめ、どうするかと自問自答した。

軍艦も飛行機も石油がなければ運用は不可能である。日本はその石油を米国に頼っている。その米国を陸軍は仮想敵国視している。

「冗談も休み休みに言えよ」

山本はせせら笑った。

発想も、信じがたいほど柔軟であった。山本は日本の軍人として他に例を見ない自由人であり、インターナショナルな人物だった。

山口多聞

山本の忠実な部下となる山口多聞《やまぐちたもん》と知り合ったのも米国時代だった。

大正十年（一九二一）三月、東京から山口多聞がアメリカに赴任して来た。階級は海軍大尉である。

「名前がいいね」

と山本は山口の経歴書を眺めた。

明治二十五年（一八九二）東京生まれ、私立の開成《かいせい》中学校卒、海軍兵学校の入学時の席順は二十一番、卒業は二番である。

「優秀な男だな」

と思った。明治十七年（一八八四）生まれの山本にくらべると、八歳ほど若い。

多聞という名前は別称「多聞天」、あるいは楠木正成の幼名「多聞丸」、そのあたりから付けられた名前らしいということだった。

とにかく成績優秀でなければアメリカ留学はあり得ない。語学研修の先はニュージャージー州のプリンストン大学だった。この男、よく食べるのに驚いた。山本も食欲は旺盛だったが、それ以上に山口は食べた。

東京時代は食事の前に饅頭や大福を二個も食べ、しっかり酒を飲み、飯を二杯平らげ、食後はケーキをペロリと食べたと聞いていささかあきれた。

「おい。飯《めし》食いに行こう」

山本は、山口を誘いワシントンの日本料理店をはしごして、山本も大いに飲みかつ食らった。以来、山口はすっかり山本に心酔し、なんでも相談してくれた。

先妻が子供を残して亡くなったとき、後添えの世話をしたのが山本だった。

「山本と山口多聞は公私をふくめて深い付き合いだった。明けっ広げで、勇猛果敢、決断力に富む山口は、皆が認める山本の後継者だった。

第六章　霞ヶ浦航空隊

ワシントン軍縮会議と欧米視察

山本が帰国したのは大正十年（一九二一）七月十九日である。現場に復帰し、軽巡洋艦「北上」の副長を経て十二月からは海軍大学校教官（軍政学）として後輩の教育にあたった。

第一次世界大戦の時、日本はアメリカとイギリスの同盟国だった。大正七年（一九一八）十一月に大戦が終結すると、その翌年に調印されたヴェルサイユ条約に従い、日本にはドイツの支配地の統治が認められた。

大戦のあと、アメリカは、ワシントンで海軍の軍備制限について協議するための国際会議を主催する（大正十年十一月十二日～大正十一年二月六日）。この会議を経て、各国の主力艦の保有に関して制限を設ける「ワシントン海軍軍縮条約」が採択された。

未来の戦争を回避するために成立したその条約は、アメリカ、イギリス、日本の主力艦の保有比率を、米英五十万トン、日本三十万トン、仏伊十七万五千トンと定められた。

日本は、アメリカとイギリスの六割しか保有できないことになる。当然、山本を含む日本海軍の将校たちは、その不利な条約に納得しなかったが、日本の実力はそのようなものだった。

日本はまだまだ米国に肩を並べることはできなかった。

「未来永劫《えいごう》、無理だろうな」

山本は謙虚だった。

大正十二年（一九二三）六月、山本は井出謙治大将と欧米各国に長期出張した。九ヵ月間、ヨーロッパやアメリカをまわり、ワシントン会議成立後の海外事情の研究に努めた。ロンドンからフランス、ドイツ、オーストリア、イタリア、モナコ、アメリカの七ヵ国を訪れる大旅行だった。

この旅で山本はいっそう国際派に成長した。

霞ヶ浦航空隊

翌大正十三年九月、山本は霞ヶ浦航空隊附、さらに航空隊副長兼教頭となって、ここで大いに飛行機を学んだ。

「あいつはど素人だ。そのわりに威張っている」

と、山本を馬鹿にする気風が現場にあった。

「飛行機馬鹿のくせに何をいう」

山本はせせら笑い、月の内半分は隊内に泊まり込み。飛行機に関する技術的な勉強に励み、自ら練習機に乗り込み、飛行機の操縦にも励んだとされている。単独で飛行したという話もあるが、私は疑わしいと思っている。

海軍航空隊の飛行機が実戦に参加したのは、第一次大戦の青島攻撃（大正三年）が最初である。

フランスから購入した百馬力の複葉機一機と七十馬力の複葉機二機を派遣した。飛行回数四十九回、投下した爆弾百九十九発、命中八発だった。

爆弾は飛行機胴体の両側に吊るし、ナイフで紐を切って落とした。ドイツ軍との間で空中戦も行なわれたが、弾薬が切れ、お互いに石をぶつけ合ったこともある。漫画のような戦争だった。

そこからはじまって海軍航空隊は徐々に整備され、大正五年（一九一六）には横須賀海軍航空隊が発足、続いて佐世保海軍航空隊も設置される。

ただし、飛行機は危ないという先入観があり、志願者はひどく少なかった。

理由はひんぱんに起こる墜落である。

たしかに飛行機はよく墜ち、大勢の搭乗員が死んだ。このため世間の目も冷たく、搭乗員は社会から疎外された感情を持っていた。

ここに乗り込んだ山本は、意識改革からはじめた。

全員の髪をカットし、搭乗員と一緒になってマラソンし、日々の生活を厳しく指導した。

事故は規律の乱れから起こると説き、航空隊の一隅に霞ヶ浦神社をつくり、事故で亡くなった搭乗員を祀り、この神社に拝礼してから訓練するようにした。

「いずれ諸君は海軍の幹部である」

と激励し、新聞を読んだり、読書をするよう奨励した。

霞ヶ浦航空隊副長のときは、部下が訓練中の時は飛行場の片隅に立って、練習機が降りてくるまでじっと待っていた。暑い日には練習生と一緒に水風呂にも入った。

大正十一年末に空母「鳳翔《ほうしょう》」が竣工すると、大正十二年には操縦士による着艦訓錬が開始されていた。

山本はだれもが離着艦できなければ、戦闘の役には立たないと、非情な心で、訓練を命じ犠牲者も多く出た。山本は温情主義の男と見られがちだが、海軍航空隊の訓練で見る山本は鬼の上司だった。

乱闘事件

搭乗員は組織にはなじまない一匹狼が多かった。

無断脱営は日常茶飯事、夜抜け出して朝帰りである。

山本は飛行課程を卒業した三和義勇中尉を甲板士官につけた。

「甲板士官とはなんだ。おれは操縦教官だぞ」

と三和は反発し、山本に文句をいいに行った。

ところが山本の前に出ると、奇妙な貫禄があり、金しばりにあったように言葉が出てこない。なにをいっても論破されそうなのだ。

「毎日のように遅刻者、脱営者が絶えない。甲板士官として軍紀の維持、風紀の改善に努めてもらいたい」

と山本にいいくるめられてしまった。

「自分もやるから、補佐してくれ」

といわれ、つい「はい」といってしまった。

三和は仕方なく、夜、営舎を見まわった。

雨の夜のことだった。

黒い人影があった。脱営者に違いない。

「待てッ」

と叫んだ。しかしその者は悠然と歩いて行く。誰あろう山本である。

「甲板士官か、今夜はおれがまわる」

といって闇のなかに消えていった。

搭乗員はいつも命と引き換えの訓練である。飲むとつい深酒してしまう。

あるとき、茨城県庁の高官らとの会食で、ボコボコと殴り、乱闘事件を起こした。

手を出したのは無論、こちらの方である。県庁側も一向に折れない。航空隊が悪いと責めたてる。

「仕方がない」

山本は、悪いのは監督責任の立場にある自分だといい、暴れた将校をかばった。

そういわれると、県庁側も引っ込むしかない。なんとか一件落着だった。

土浦の飲み屋街で大喧嘩したときも味方になった。

街で若い兵がチンピラに難癖を付けられたり、法外な金をとられたりした。

「もう土浦には飲みに行かない」

と宣言し、航空隊のボイコット事件に発展した。

四十日間、飲みに行かなかったら土浦の街から和解の申し入れがあった。

三和とはよく一緒に風呂に入った。裸の付き合いである。

山本は搭乗員たちと本音で付き合った。

間もなく山本は米国駐在武官を命ぜられた。

大正十五年（一九二六）一月二十一日、山本が乗る「天洋丸」が横浜からアメリカに向かった。そのとき、上空に海軍機が現われ、海上に模擬爆弾を落とした。

「なんだ、あれは」

船客はびっくりした。

「しょうがないやつらだ」

山本は苦笑した。

霞ヶ浦海軍航空隊から見送りに来たのである。これは明らかに違反行為だったが、名目は爆撃演習である。それだけ山本は慕われていた。

子供は溺愛

家庭のことも触れておきたい。

大正十一年（一九二二）十月七日、山本家に長男義正《よしまさ》が誕生した。

山本は家庭では子煩悩《こぼんのう》な父親だった。

反町の作品に、大正十二年正月元旦の山本の日記が掲載されている。

坊やは義正、大正十一年一月七日午前一一時半、東京府下千駄谷町仙千駄ヶ谷五二五に生る。体重八百五十匁、若松より祖母上アマ様手伝に二ヵ月前より御上京下され、いろいろおせ話して頂き、万事順当に取り運べり。

義正の義は山本家名乗りの一字、長男継嗣の故をもって特にこれを付す。けだし家名をあげて山本家の実を明にせんことを思えばなり。

山本家の当主だった山本帯刀は義路《よしみち》を名乗っており、五十六はこの義の一字を長男に付けたのだった。

長男が生まれたとき、山本が最初に聞いたことは、指が五本あるかということだった。

指の怪我は先天性のものではない。にもかかわらず、山本はすごく気にしており、ついそういう言葉になった。

山本は息子を溺愛《できあい》した。

日記には、

三月二十二日、朝九時半、義正を連れ明治神宮に参拝す。中途寝られて重い、重い。

四月四日、千秋氏にて種痘、これが医者のかかり初め。

六月一日、義正、歯四本出かける。

六月二十四日、義正写真を撮る。

七月二日、義正始めてピッピとおもちゃを吹き音を出す。

七月十二日、義正這い出す。

子供の面倒はよく見た。

子供のおしめを取り替えたり、手際よく湯を使ったり、実に可愛がった。ときには洗濯したおしめを取り込んで、一枚ずつ皺をのばしたりもした。

長男が成長すると、よくキャッチボールをした。指が二本ないので、グローブがうまく使えず、最初はポトポト球を落としたが、これも練習で克服した。

山本はいい父親でもあった。

家庭は家庭として男はしばしば妻以外の女性を愛することがある。山本も芸者ガールとの付き合いがあったが、家庭を壊すという付き合いではなかった。

第七章　アメリカ駐在武官

大使館附武官

大正十四年（一九二五）山本はワシントンの日本帝国大使館附武官として、二度めの米国勤務を命ぜられ、翌年一月、渡米した。

大使館附武官といっても潤沢に費用があるわけではなく、念願のメキシコ旅行もお預けだった。それを知った大使館の加来美智雄参事官が若干、費用を出してくれ、ケチケチ旅行で念願のメキシコに向かうことができた。

ほどなくメキシコ政府から駐米日本大使館に一通の書簡が届いた。

日本海軍の中佐と自称する山本なる人物が、メキシコで不審な行動をとっているという問い合わせだった。

石油業界の視察と称しているが、ホテルは三流で屋根裏の部屋、食事はホテルでとらず、三食、パンと水である。副食物は一番安いバナナだけである。あまりにも貧乏だ。この男は亡命者ではないかという内容だった。

「まさかそんな、宿代ぐらいはあると思ったがなあ」

と加来参事官は首をひねった。しかし山本は間違いなく、一文無しの状態に近かった。

最初に顔を出したメキシコの日本大使館で、妙なことに巻き込まれたためだった。

そこに新潟出身の駐在武官山田健三陸軍少佐がいて、

「まことに申し訳ない、用立てては下さらぬか」

と頭を下げた。帰国命令が出たのだが、メキシコで金を使いすぎ、旅費がなくなったというのである。山田は談論風発《だんろんふうはつ》、宵越しの金は持たない気質の男で、酒と女に使い果してしまったらしい。

困ったなと思ったが、山本は頼られると後ろに引けないタイプの人間である。

仕方があるまい。

「どうぞ、使ってください」

山本は持参した金を山田に差し出した。

山本の唯一の弱点は情に弱いところだった。これさえなければ、山本は軍人として完璧な名将だったが、人をバサッと切れないところがあり、ミスにつながることがあった。それがミッドウェー海戦だった。その理由は後で述べる。

山田少佐はのちに参謀本部の作戦参謀として陸軍省に勤務し、中将に昇進した。

「彼は豪胆で、しかも人間味あふれる男だ。おれは生涯、山本には頭があがらない」

山田は山本をこう評した。この時、山本は三十六歳だった。

山本はワシントンDCの近くに滞在し、仮想敵国である米国海軍の情報収集にあたった。

十二月初旬のある晩、山本はひとりの記者の取材を受けた。

記者の名は、ヘクター・C・バイウォーター。イギリスの日刊紙『デイリー・テレグラフ』で働く非凡な記者だった。彼の小説『太平洋大戦争』は日米戦争を扱ったもので、バイウォーターは、近い将来、日米戦争が起こる。日本は緒戦で真珠湾攻撃を成功させ、米国は手痛い打撃を受けるが、その後、反撃に出て、日本を完膚《かんぷ》なきまでに叩きのめすと書いていた。

山本はこの記者を自分が泊まっているレスレストハウスのスイートルームに招いて話を聞いたが、彼は石油で苦しむ日本の事情をよく知っており、米国との間で、石油をめぐる戦争があり得ると語り、山本はをその慧眼《けいがん》に驚いた。

彼はのちにイギリス秘密情報部のスパイだったことが分かるのだが、世界的にみると日本の情報収集はまだ甘かった

山本も任務の一つはアメリカ空軍の情報収集だった。山本はアメリカ海軍の考え方を探るために毎晩のように軍人を誘ってトランプに興じた。

参加者のなかにエリス・M・ザカライアス海軍大佐もいた。大佐は以前、海軍武官の補佐役として日本に滞在したこともあり、そのころから山本とは面識があった。

山本は、トランプの合間にアメリカ海軍がハワイの真珠湾で大規模な掘削《くっさく》作業を計画しており、最終的におよそ七百万立方メートルものサンゴを取り除こうとしていることを知った。米海軍は数年以内に、真珠湾に巨大な基地を建設、太平洋艦隊の母港にするという重要な情報も含まれていた。これはトップクラスの情報だった。

「ほう」

と軽く聞き流すことが大事だった。

ときには飯をぬくべし

駐在武官としても山本は、後進の育成に骨をおった。反町はこの時代の興味深い話をいくつも収録している。

戦艦「大和」の最後の提督、伊藤整一中将に関する秘話もその一つである。

伊藤が米国留学を命ぜられたのは、昭和二年（一九二七）夏である。当時は海軍中佐だった。海軍大学校で山本に教わり、霞ヶ浦海軍航空隊でも三ヵ月、山本の部下だった。

伊藤はマサチューセッツ大通りにある山本大佐の事務所に挨拶に出向いた。

同じ留学組の小林謙吾少佐、中野実中尉と一緒だった。

「そうか、ご苦労さん」

山本がいい、

「伊藤君、小林君はすでにできあがった人格者である。いまさら監督でもないから放任する。

中野中尉はまだ若い。思い切って指導する」

といった。

「はい」

と、中野中尉は直立不動で答えた。中野は海軍兵学校を一番で卒業していた。秀才というやつである。だが人間的修行はこれからである。

午後二時を過ぎたが、一向に昼飯の話が出ない。

「昼飯を食わないのですか」

と伊藤が聞いた。

「食うか」

と山本がいい、

「もう二時だからレストランもホテルの食堂も刻限が過ぎている」

といって、近所のイタリア料理の店に連れて行った。

「武官は二食主義ですか」

と伊藤が聞いた。

「そのときに応じて融通自在さ」

と山本が答えた。この日は知人の家に招かれるので、昼食は食べないという。伊藤は、おかしなこともあるものだ、腹がすかないのかと思った。

するど山本は、

「駐在員が三度、三度飯を食うなど贅沢だ。アメリカでは自動車をもたないと仕事ができない。各地を視察するので旅費もかかる。このため節約も必要だ。食事などときには我慢しなければならない」

といった。

伊藤はハッとして山本を見つめ、自分の甘さを反省した。

山本は、「日本語はできるだけ使わないで、大学ではアメリカ人と一緒の寄宿舎に入れといった。伊藤はエール大学で、山本にいわれた通りにした。

山本の気配り

伊藤ははじめてのアメリカである。

それぞれ別の大学に行くので、これからは一人である。

エール大学があるニューヘブンの町にどのようにして行くか、伊藤は心細い限りだった。英語もろくすっぽ話せない。足がすくんだ。

「ニューヨークに行ったらマルセイユホテルに泊まれ、タクシーで行ってはだめだ。地下鉄で行きなさい。君がニューヨークに行くことは、ニューヨーク駐在には電報しない。自分一人で歩くのだ」

と山本はいった。地下鉄と聞いていささか身震いした。どこから乗ってどこで降りるのか、さっぱり分からない。伊藤は内心、パニックだった。

小林少佐はフィラデルフィアで下車してプリンストンに向かった。いよいよ一人である。帝国軍人もアメリカの一人旅は不安だった。

ニューヨークの駅に着いた。凄い混雑である。地下鉄などどこにあるのか分からない。もうタクシーしかない。伊藤はまっしぐらに、タクシー乗り場に突進した。

「おい」

と突然、背中を叩く人がいた。

「ええっ」

と伊藤は仰天した。駐在事務所の片岡少佐である。地獄に仏とはこのことである。

「まったく奇遇だね」

と伊藤は肩で息をした。これで助かったという思いだった。すると片岡少佐は怪訝な顔をして、

「君を迎えに来たのだよ」

といった。伊藤は驚いた。山本さんは一人で地下鉄で行けといった。

どうして、どうしてと頭が混乱した。かたわらには駐在武官の城戸大佐もいるではないか。

「山本がよろしく頼むといってきたんだ」

とニコニコしている。伊藤は山本の思いやりに感激した。山本は、すべてお見通しだったのだ。以来、伊藤は山本に頭があがらなかった。

数々のエピソード

駐在武官時代の山本は数多くのエピソードを残している。

よく遊び、よく働け、が山本のモットーである。

人間のやる気には限界がある。疲労がたまると仕事の能率が悪くなる。

「おおい、野球を見にいこう」

山本は部下をよく野球に誘った。

長岡中学時代、野球をやっていた山本は、大リーグの観戦が大好きだった。

「まだ仕事が残っています」

と部下がいうと、

「それなら帰ってからやれ」

と連れ出した。

野球のあとは、ボーリングである。散々、ボーリングを楽しみ、ヘトヘトになってから飯を食い、解散だった。それでも物足りない部下がいると、ブリッジだった。

人間は不思議な生き物である。

遊べ、遊べといわれると、逆に仕事をするものだった。

霞ヶ浦時代の部下、三浦義勇もこのとき駐在武官としてアメリカに来ていた。

あるとき、巡洋艦「神通《じんづう》」の問題が話題に上った。

昭和二年、「神通」は島根県美保関沖で夜間訓練中、駆逐艦「蕨《わらび》」と衝突、駆逐艦は沈没した。「神通」の水城圭次艦長は、軍法会議のあと責任をとって頸動脈を剃刀で切って自殺した。

「死んでも仕方がない、生きて償うべきではなかったか」

と三和は発言した。

すると山本は三和をにらみ付け、怒った。

「なにをいうか。死んで責任をとるのは武士道の根本ではないか。艦長であればこそ、水城大佐の自決は、自分としては当然のことをやったと考える。死をもって責任をとった人に対して軽々しく批評してはならぬ」

三和はびっくりして山本の顔を見つめ、

「この人のために死のう」

と思った。

山本にはそういうカリスマ的な雰囲気があった。

三和はその後、連合艦隊の参謀となり、太平洋戦争が激化した昭和十七年（一九四二）、参謀として山本の身近に仕え、昭和十七年十二月、第十一航空艦隊の参謀長に転じ、終戦直後の昭和二十年（一九四五）九月、テニヤン島で自決している。

第八章　空母「赤城」艦長

ボロボロ涙

山本は昭和三年（一九二八）にアメリカより帰国、同年八月、現場を学ぶために軽巡洋艦「五十鈴《いすず》」、ついで空母「赤城《あかぎ》」の艦長に転出した。当時の海軍は、五・五・三という不利な条件下に置かれ、これをカバーするには猛訓練しかないと休日返上、月月火水木金金の猛訓練が続けられていた。

日本海軍が最初の空母「鳳翔」を完成させたのは、大正十一年（一九二二）である。複葉機がパタパタ飛ぶ程度で、実用にはほど遠いものだった。

「赤城」の完成は昭和二年（一九二七）である。「赤城」は本来、戦艦八隻、巡洋戦艦八隻からなる八八艦隊の主力巡洋戦艦として計画されたが、大正十年（一九二一）のワシントン軍縮会議で主力艦の保有を制限されたため、急きょ、空母に改造された。

飛行甲板は三段になっており、最上層の発着甲板は、長さは百九十・二メートル。二段目は小型機、三段目は大型機の発進専用で、長さは五十六・七メートルしかなかった。特異なスタイルの空母といえた。

搭載機は艦上戦闘機十六機、艦上偵察機十六機、艦上攻撃機二十八機の計六十機だった。機関は十三万二千馬力、速力は三十二・五ノット、基準排水量は二万六千九百トンとなっていたが、実際は約三万トンあった。

この日本海軍最初の大型空母をいかに運用するか、山本にずしりと重い責任が課せられた。

昭和四年（一九二九）四月には、韓国の済州島南方と九州の上海航路の真ん中で、大々的な演習を行なった。日本海軍にはもう一隻、昭和二年に完成した空母「加賀」があり、連合艦隊は双方から飛行機を発進させ、敵に対して爆撃と雷撃を加える演習を試みた。

天気はまずまず、曇りときどき雨である。風が少し強かったが、このくらいで飛ばないようではだめだと決行した。

飛行機から、

「われ主力戦隊を爆撃す」

「有効な雷撃を決行せり」

と続々、電報が入ってきた。

「これは凄いぞ」

山本の顔がほころんだ。しかし次の瞬間、山本の表情が曇った。空が真っ黒になった。颪も強まった。

「これは大変なことになる」

山本は危惧した。

やがて三十メートルもの暴風が吹いてきた。これはもう嵐である。大波が空母を襲い、視界も極端に悪くなった。これは緊急事態だ。

山本は艦橋から甲板に走った。もう飛行機が帰ってくる時間である。しかし一向に爆音が聞こえない。事態は深刻化していた。

「艦が見えない」

「われ燃料あと二十五分」

「燃料あと二十分、母艦の位置知らせよ」

「燃料、あと十分」

「あと五分」

「燃料が切れた」

悲痛な声を残して飛行機は、次々と大荒れの海に姿を消していった。

「演習中止、ただちに捜索を開始せよ」

山本は命じ、掃海艇が二十四時間探索したが、わずかの破片を除いて、一人の搭乗員も救助できなかった。

山本は悲痛な顔で佐世保に戻った。すると商船や漁船、トロール船に救助された搭乗員が少しずつ佐世保に戻ってきた。

山本はポツリポツリと救助されて戻ってくる搭乗員を一人ずつ出迎え、

「よかった、本当によかった」

と涙を流しながら手を握った。

当然、この問題の責任を問われた。山本は航空本部に報告書を提出した。

「原因は司令官の意図通りに部下を錬成し得なかったことに起因する。まことに申し訳ない。その責任はすべて艦長にある。上司の裁断を仰ぐ」

山本はこう書いて進退を上層部に預けた。

「猛訓練を要する以上、これぐらいの犠牲は覚悟しなければならない、艦長の責任を問う必要はない」

と山本が罪に問われることはなかった。しかし、暴風を未然に察知できなかったことは、痛恨のきわみだった。

山本神話

人間、偉くなるに従って、神話も生まれる。

山本にもいくつかの神話が生まれた。

海に転落しそうになった飛行機に山本が素手でつかまり止めたという話は、その類だろう。

出典は高木惣吉の『山本五十六と米内光政』である。

その事件は空母「赤城」で起こった。

艦長に着任した山本の初仕事は、艦上機を受け取ることだった。

空母は海に浮かぶ飛行場である。

本来、飛行機は地上に降りるものだ。それが飛行場より遥かに小さい軍艦の上に降りるのだから、至難の業であった。

海が荒れれば荒れるほど、甲板は安定しない。考えただけでも恐ろしい着陸地点が空母だった。母艦の設備も操縦技術も、まだまだの時代である。着艦は命がけだった。

艦上機受け取りの日、相当に風が琴かった。

まだ着艦のための装備が不十分で、滑走制止の装置がない。空母の中央にでも着艦しようものなら、そのまま走って海に転落だった。

「赤城」は全速力で進んだ。

やがて爆音が響いて編隊を組んだ飛行機が飛んできた。着艦コースに入るのだが、「赤城」が上下に激しく揺れて、なかなか着艦できない。

手に汗にぎる光景である。

先頭の飛行機は気合いを込めて着艦した。

「ああッ」

と皆が声をあげた。飛行機は真ん中あたりに着艦してしまった。なかなか止まらない。このままでは海に落ちてしまう。

そのとき、脱兎のごとく駆け寄って飛行機の主翼にとりすがった者がいた。飛行機はその男を引きずったまま海へ海へと近寄る。

「危ないッ」

と叫んで、退避していた物陰から山口多聞中佐ら大勢の者が飛び出して、飛行機をつかまえた。おかげで飛行機は危機一髪のところで止まった。

「この部下の災厄を座視することができず駆け出した人こそは、山本艦長自身であった」

高木はこのように記述した。

空母には、飛行機が着艦態勢に入ったときは、誰であれ、飛行甲板に入ってはならないという規則があった。安全のためである。

また、艦長は通常、艦橋にいる。「あッ、危ない」といって、艦橋から甲板に降りて駆け出すまでには、相当の時間がかかる。とても間に合わない。物理的にも無理ではないか。

さらに山口多聞が、ここに乗っていたという確証もつかめない。

山本が「赤城」の艦長になったのは、昭和三年（一九二八）十二月十日である。この時期、山口は海軍軍令部に出仕している。

だが、「赤城」に視察に来ていた可能性はある。だからまったく否定はできないが、この空母に勤務していなかったことは間違いない。

となれば、山本を偶像化するために、誰かが創作し、高木がそれに乗ったのか、という思いに達する。

これを明確に否定した人物がいた。

海軍参謀だった奥宮正武である。

奥宮は海軍航空隊の出身で、戦闘機に乗って飛行中、エンジンが火災になり、九死に一生を得た体験をもっていた。山本に仕えたこともあり、戦後、多くの本を書いた。『ミッドウェー』『機動部隊』『零戦』など名著がずらりである。

奥宮は、『真実の太平洋戦争』のなかで、こう指摘した。

「航空母艦の艦長にとっては、発着艦作業は真剣勝負に等しい。そのため、彼は短時間でも、艦橋から離れることができない。あらゆる突発事故を適時、適切に処置せねばならないからである。したがって、もし、艦橋から飛び出して飛行機の尾翼を押さえるような艦長がいたとしたら、彼は、その職責を軽視したものとして、その職にとどまることを許されなかったであろう。

この話は飛行機が転落しそうになったときには、飛び出していって翼を押さえてやりたい気持ちであったという山本艦長の心情が、誤って伝えられたものと思われる」

と否定した。

第九章　国際的活動と航空本部

ロンドン軍縮会議

山本はこの後、海軍省軍務局勤務になり、昭和五年（一九三〇）一月から始まるロンドン軍縮会議の全権委員次席随員として四年十一月に英国にわたった。

第一次世界大戦後、日、米、英三国による軍拡がエスカレートし、各国とも軍事費の増大は国民の暮らしを圧迫し、国家財政の破綻が心配された。

そこでワシントン軍縮会議が開かれ、各国とも主力鑑の軍縮に応じた。今回は補助艦の軍縮である。

日本は元首相の若槻礼次郎を全権大使とする使節団をロンドンに派遣した。

海軍代表は海軍大臣の財部彪《たからべたけし》で、駐英大使松平恒雄、駐ベルギー大使永井松三が補佐し、安保清種大将が顧問、左近司政三中将が首席随員、その下が山本だった。

全権大使若槻礼次郎の一行は横浜からシアトルに着き、そこからロンドンに向かった。山

口多聞は情報収集のためワシントンに滞在中で、出迎えた山口に、

「ご苦労、ご苦労」

と山本が肩を叩いた。

ロンドンに向かう船には、アメリカのフーバー大統領が乗っており、一夜、晩餐のもてなしを受けた。

若槻全権大使が、巡洋艦はアメリカ一〇、日本七でなければならないというと、フーバーは「ノー」といい、一〇対六だといった。

会議は波乱が予想された。

「アメリカは強硬だな」

山本は渋い顔だった。

「それだけ日本をライバル視しているわけです」

山口がいうと、

「まあ、そうだな」

と山本はうなずいた。

第一次大戦の反省を踏まえて世界列強は軍縮に乗り出した。

大正十一年（一九二二）のワシントン軍縮会議である。戦艦、空母などの主力艦と備砲などの制限を行なった。しかし中型の軍艦、補助艦には制限がなかったので、各国は巡洋艦や駆逐艦の建造を強化した。

そこで、昭和二年にはジュネーブで軍縮会議があったが、会議は決裂した。今回は三回目である。

争点は、アメリカは日本に対して軽巡洋艦の比率、米の一〇に対して七、駆逐艦も一〇対七、補助艦艇は一〇対六、潜水艦は同じというもので、日本は対米比率七割を要求したが、交渉は難航した。

海軍力保有の根拠は海上交通路の防衛と深く関係した。イギリスは本国は小国ながら広大な植民地をかかえ海上交通の既得権があり、日本を上まわっていた。

しかし、考えてみたらいつの間にか日本は世界の三大海軍国のひとつになっていた。

「隔世の感だ」

山本がいった。

結局、最終的には、補助艦は一〇〇対六九・七五パーセントと、ほぼ七割を確保したが、大型巡洋艦は六〇・二パーセントに過ぎなかった。

「やむを得ぬな」

山本はポツリといった。日本に帰れば、弱腰といわれかねない。しかし日本の実力はこの程度であり我慢するしかなかった。

「巡洋艦だ、駆逐艦だといっているが、これからは、飛行機だよ。君には、そちらの方を本格的に勉強してもらうぞ」

と山口にいった。

山本は次の時代を見据えていた。

山口はこの年十一月、連合艦隊参謀として戦艦「長門」に着任する。

海軍を背負う

大本営参謀を務めた吉田俊雄の作品に『指揮官と参謀』がある。

このなかに「山本は人づきあいが悪く、心を許した友以外には心を開かない」という話があった。皆の前で逆立ちをやり、トランプに興じたり、そうでもないように見えるのだが、違うというのである。

その証拠に山本には、アメリカ人の友が、まったくいなかったと吉田はいった。無愛想で口が重く、アメリカ人とは肌が合わなかったというのである。

長岡中学校の後輩で作家の半藤一利も同じことをいっている。

「山本は越後人特有の孤高を楽しむ風があった。口が重く、説明や説得を嫌った。結論しかいわない。分からぬものに、おのれの内心を語りたがらず、ついて来るもののみを好む傾きがある」

となると、勝手にまくし立てる山口は、気楽な部下だった。

山口は生来の暴れ者で、放っておいても、どんどん仕事をこなすので、山本のように無口の男にはぴったりだった。

成績は勉強しなくても一番か二番、悠然と構え、体力もあった。健康、健脚、健啖、食事は普通の人の二倍は食べる。

これほど使いべりのしない男もいなかった。

山本はロンドン軍縮会議の直前に少将に昇進した。

海軍兵学校を出て、海軍大学校に進めば、誰でも大佐にはなれる。しかし少将以上は、誰でもというわけではない。

四十六歳、山本は日本海軍を背負う立場になった。

海軍航空本部技術部長

昭和五年十二月、山本は海軍航空本部技術部長に就任した。

ロンドン軍縮会議で、頭を抑えられた日本海軍は、いかにすれば米英と対抗できるか、この問題に全知全能を傾けた。

その結果、浮上したのが航空戦力である。しかし海軍部内でも航空兵力を中心にすえることに抵抗があった。

飛行機そのものがまだまだ幼稚だった。

山本が大正十三年（一九二四）に、霞ヶ浦海軍航空隊で航空士官の訓練に当たったとき、教官にはイギリス海軍の将校もいた。

搭乗員は高度な技術が必要だった。空は好天の日ばかりではない。曇天、荒天、一日とて同じ日はない。下界が見えないなかで飛ぶこともある。

夜間の飛行もあった。レーダーがあるわけではない。有視界飛行でどうやって飛ぶのか。そのためには少年の時期から訓練する必要があった。こうして編み出されたのが、少年飛行兵である。

高等小学校卒業の十五歳から十七歳の少年を横須賀海軍航空隊の予科練で教育し、将来は搭乗員として士官に登用する仕組みである。

年々、志願者が増え、彼らの成績はすこぶる優秀だった。

やがて艦上機の操縦法、機上射撃、編隊爆撃、降下爆撃、雷撃、偵察、通信といった高度な技術を習得していった。

飛行機の開発も急務だった。

三菱内燃機、愛知時計、中島飛行機などのメーカーが、フランスやドイツから技師を招いて、開発に当たった。

「すべてを国産に切り換えるべし。そうでなければ、日本の航空機産業は発展しない」

山本は各航空機メーカーに厳しい通達を出した。

仮にこれらの国と戦闘状態になったときは、外国の援助は受けられない。

性能のアップも求めた。

「航空技術陣は惰眠をむさぼっている。いつまでも木製の飛行機でもあるまい。複葉機ではいかにも速力が出ない。金属製の単葉機を生産すべし」

山本は絶えずハッパをかけた。

特ダネ

山本はマスコミを味方に付けることも忘れなかった。つまり、マスコミを通して世論を味方に付けるわけである。

海軍省の記者クラブは黒潮会といった。

彼らのニュースソースはいつも、山本の海軍兵学校の同期生、海軍省軍務局長の堀悌吉である。

堀の机の上はいつも整理され、未決済の書類はなかった。記者団にはいつもニュースを提供し、悠々と談笑した。

そこにザンギリ頭の少将が、ときどき現われる。

「あれは誰ですか」

と、毎日新聞の池松文雄記者が聞いた。

「航空本部技術部長の山本五十六だよ」

と堀がいった。

海軍部内で、少しは知られた山本だったが、黒潮会の記者にはまだ無名だった。

「まあ、よろしく頼むよ」

と堀がいった。

晩年の山本五十六は国民的な英雄である。早い時期からマスコミの注目を集めていたと思われがちだが、そうではなかった。

一艦長であった山本に取材の記者が来ることはなかった。マスコミの取材の対象は、大臣や軍令部長、あるいは局長クラス、海軍に近い代議士などだった。

航空本部技術部長に就任して、少し様子が変わった。

いたずら坊主のような風貌をした男が、横柄な態度でズカズカと軍務局長の部屋に入って来る。

毎日新聞の池松記者は山本に興味をもった。

航空本部技術部長とは、いったい、どんなポストなのか。池松は直接聞いてみたい気持ちになった。

しかし池松はまだ駆け出し記者である。一人ではどことなく不安だったので、同僚を誘って二人で山本のところに出かけた。

「毎日新聞の池松です」

「そうか」

山本はぶっきらぼうだった。なにから切り出そうかと思っていると、山本が勝手に喋り出した。

「これからは飛行機の時代だよ」

といい、航空機産業を発展させること、外国機をどんどん輸入して、それを凌駕する国産機をつくること、搭乗員の育成強化にも大いに力を入れることなどをよどみなく喋った。どれもこれも目新しいことだった。

池松は目を輝かせて聞き入り、胸をワクワクさせながら、航空科学技術の発展に取り組む海軍の姿勢を記事にした。

池松は翌日の紙面に大きく掲載された記事を見つめて、特ダネだと実感した。

意気揚々と海軍省の記者クラブに顔を出すと、

「おい、君の記事で軍令部が騒いでいるぞ」

と先輩から注意された。軍には機密があり、下手をすれば出入り禁止の処分もくらいかねない。池松は青くなった。

「相当、文句をくうな」

先輩は厳しい顔だった。そうなれば、海軍の取材ができなくなる。

ところが不思議なことに、いくら待っても呼び出しはない。

あとで聞くと、山本が抑えてくれたのだった。

毎日新聞の記事が問題になったことを知った山本が軍令部に乗り込み、

「おれが喋ったんだ。記者に罪はない。あんなことが秘密なものか」

と啖呵を切ってくれた。

以来、池松は、なにかといっては山本を訪ね、海軍航空隊の話を聞いた。

「これはオフレコだよ」

というときは、記事にしなかった。

大島紬

山本は気配りの人だった。

軍令部に出かけて文句をいえたのも、実は数多くの人脈をもっていたからである。

米沢出身の山下源太郎大将もその一人である。

山下は海軍兵学校長や、佐世保鎮守府司令長官、連合艦隊司令長官などを歴任し、大正九年（一九二〇）に軍令部長、その後、軍事参議官などを務め、昭和三年（一九二八）に後備役になっている。

昭和六年（一九三一）には、寝たきりになってしまった。

山下は夫人がそばにいないと不安がり、夫人は夜も眠れず疲労はそのきわみに達した。

「おれが代わってやろう」

山本は夫人の大島紬の着物を着て、山下の枕元に座った。

これには見舞い客もびっくりである。

山下大将は、夫人だと思いすっかり安堵し、すやすや眠った。

山本には、こうした話がいっぱいあった。

堀悌吉軍務局長の岳父が胃潰瘍で入院したとき、輸血の必要があると聞くと、二回も献血した。

当時、献血はまだ普及しておらず、困難な時代だった。

「赤城」の飛行隊長、三和義勇とは、霞ヶ浦で甲板士官という役職を与えて以来、駐在武官時代も含めて、ずっと交際を続けてきた。

山本は三和の結婚式にも出席し、子供が生まれたときは家を訪ねて子供の顔をみてやった。

「おめでとう、僕が軸を書いてやろう」

山本はそういい、さらさらと一筆したため表装して贈った。

義気凌秋日―義気秋日を凌ぎ

高懐亘落書―高懐藩雲を亘る

正義の志が堅固なさまは私の信念であり、その志で海原を亘るという意味である。これは山本の得意の書で、何人かの部下に与えていた。

署名は「兜城 山本五十六」とあった。兜城は長岡城の別称である。

見た目にはぶっきらぼうだが、山本の内面はこまやかだった。

子供の目

長男義正は『父山本五十六』で、このころの山本の家庭での暮らしを描いている。

義正は昭和四年四月に鎌倉第一小学校に入学した。山本が航空母艦「赤城」の艦長時代である。

義正は父親のことを、じっと見ていた。

父は家にいるときは、むっつり屋であまり喋らなかった。休日は庭に面した縁側の椅子によりかかって、じっと目をつむっている。

なにを考えているのだろうかと、義正は思った。

義正に二番目の妹正子が生まれたときである。

母が産気づいて産婆が駆け付け、義正は父と一緒に二階の部屋で寝そべっていた。父は相変わらず無表情で天井を見つめていた。

不思議な人だなあと思った。

子供も小学一年生になれば、観察眼は結構鋭いものである。

そのときである。

「男かなあ、女かなあ」

と山本がつぶやいた。義正は嬉しかった。自分も同じことを考えていた。

「やっぱり親子なんだ」

と義正は思った。

義正が小学四年生のとき、新潟まで一緒に旅行をした。山本が航空本部技術部長の時代である。軍艦に乗っていなかったので、時間に余裕があった。

二人は上野駅から上越線の二等車に乗って長岡に向かった。

無口の父親との旅は少なからず気づまりだったが、父親は山の名前、川の名前を教えてくれ、甘いものが食べたいと思うと、停車した駅でアイスクリームを買ってくれ、腹がすいたと思うと駅弁を買ってくれた。

やっぱり自分のことを思っているんだと嬉しかった。

「人間、食べ物を節約すると、いじ汚くなる」

というのが父の口癖で、一緒に出かけると、ビフテキや天婦羅を食べさせてくれた。

山本にとって子供との旅は、子供の心に自分の姿を刻み込んでやることだった。いつ命を落とすかもしれない軍人として、精一杯の思いやりを示したのだった。

家にいるときの、天井を見つめる仕草にも、意味があった。

なにも喋らなくても幸せを感じる家庭のぬくもり、これがいつまで続くのか、いつもそう思い、幸せをかみ締めているのだった。

寡黙は漠たる不安と表裏一体であった。軍人は、いつかは戦場で死ななければならない。そういう思いが、山本を一層無口にした。

このとき日本は大きな転機に立たされていた。

満州事変から泥沼の日中戦争がはじまり、日本は太平洋戦争への道を進むことになる。

記者が注目

昭和に入ると、山本は国際会議への参加で多忙だった。昭和九年（一九三四）、山本は、海軍中将になり、米英日の軍縮に関する日本海軍側の首席代表を務め、ロンドンに向かった。

山本はアメリカ五、イギリス五、日本三の比率を平等にするよう主張したが、認められなかった。かといってドイツやイタリアと手を組むことはためらった。

アメリカにつくと、アメリカのマスコミが、山本を追った。山本は列車のコンパートメントにこもり、無言だった。しかしニューヨークに到着すると、報道陣の取材に応じた。

このとき、日本陸軍は反米で固まっており海軍も戦艦の建造計画を構想、米国と艦隊決戦で勝利する道に邁進していた。

山本はこれに疑問を感じていた。

日本は米国から石油を購入しており、米国を敵視することは自分の首を絞めるようなものだ。それに加えて飛行機の時代となれば戦艦は無用の長物になる、
山本はすべての記者に「私はアメリカを敵視してはいない」と語った。これはお愛想ではなく本心だった。

この時、アメリカでは退役陸軍少将ウイリアム・ビリー・ミッチェルが「将来、日本とは対立することになるだろう」と語り、物議を醸していた。

アメリカのジャーナリストたちは日本海軍を将来担うであろう山本の本音を聞き出そうと、取材に懸命だった。米海軍情報部も山本に接近した。山本は距離を置き、流暢《りゅうちょう》に英語を操り、遊ぶときは徹底的に遊びに集中した。大石内蔵助の心境だった。

軍縮会議

昭和十年（一九三五）山本は、ロンドン軍縮会議に出席、その後も欧米視察のために各国を歩いた。山本は日本海軍を代表する国際派の重要人物になっていた。

山本の名前は世界に通じており、昭和十年一月下旬、列車でロンドンを出発する山本のもとに、ドイツ当局から連絡があった。ヨーロッパを通過する際にアドルフ・ヒトラーに会わないか、という打診だった。

前年の夏、ヒトラーは大統領と首相の職を廃止し、自らがドイツの「総統」であると宣言して権力を掌握していた。しかし山本はナチスの独裁者に会うことはなかった。山本は独裁が嫌いだった。

帰国はモスクワでシベリア横断鉄道に乗り換えた。冬の真っただなかにシベリアを横断する、長い最後の行程だ。列車での移動中、山本はブリッジやポーカーで時間を潰した。

東京に到着したのは二月十二日の午後だった。

五ヵ月間離れていた日本に戻った山本は、米国との軋轢《あつれき》はさらに強まり、米国との一戦は避けられないと考えるようになった。しかし日米戦争は絶対に避けなければならない。それが山本の信念だった、

山本のそうした考えは日本海軍のなかでは少数派だった。陸軍はもちろん海軍の主流派も反米だった、

米国は表向き中国の蔣介石の陳情を受けた形て、中国に侵攻した日本軍の撤退を強く要求したが、日本軍は中国奥地にまで戦線を広げ、多大の犠牲も払っており、それは不可能に近

かった。しかし日本と中国の長い歴史を考えれば、日本は大局的見地に立って和平の道を模索すべきであった。それが残念でならない。

少々、個人的なことを書き加えると、昭和十年は私が生まれた年である。親はどのように時代をとらえ、私を育てたのか。父親は満州事変、支那事変、大東亜戦争と三回、赤紙が来て戦場に向かっており、手首に砲弾の破片を受け、重傷を負った。しかし私に戦争を語ったことは一度もなかった。

いまにして思えば聞いておくべきだった。残念である。

航空本部長

ロンドンでの予備交渉で見せた断固とした姿勢が評価され、山本は、昭和十年十二月に、海軍航空本部長に任命された。

欧米各国は、軍縮条約が失効する昭和十三年(一九三八)をにらんで新型戦艦の開発を始めており、日本もそれに対抗して新型戦艦の建造計画を策定しようとしていた。

山本は、航空本部教育部長の大西瀧治郎大佐と共に強硬に航空主兵論を唱え、戦艦建造を主導する艦政本部と対立した。

この対立はなかなか決着がつかなかったが、結局戦艦二隻(のちの大和型)の建造が決まった。

山本は「大和」の設計を担当した福田啓二に、

「君たちは一生懸命やっているが、いずれ近いうちに失職するぜ。これからは海軍も空軍が大事で大艦巨砲はいらなくなると思う」

と語ったという。

第十章　海軍次官から連合艦隊司令長官へ

米国と関係悪化

昭和十一年（一九三六）十二月、永野修身《ながのおさみ》海軍大臣に請われて、海軍次官に就任、次の米内光政大臣を含めて三年九ヵ月、海軍次官を務めた。

日本の最大の特色は世界屈指の軍事大国であることだった。日清戦争で台湾澎湖《ほうこ》諸島、日露戦争で遼東《りょうとう》半島先端部と南樺太、韓国併合により朝鮮を占領、さらに満州国の設立などで中国にも領土を拡大し、南満州鉄道を建設、関東軍を常駐させ、中国を半植民地的に支配し、第一次世界大戦で南洋群島も領有、アジアに君臨した。

しかし、中国では激しい抵抗にあい、南京城内外で死んだ中国軍民は二十万をくだらないと推測された。日本軍も膨大な犠牲者を出した。

今日の日本人からみれば信じがたい領土の拡大だった。これに伴い米国との関係は悪化の一途をたどった。

国際的な孤立を恐れた日本はドイツ、イタリアと三国同盟を結び、米国に対抗、日本は満州、中国、東南アジアを加えた大東亜共栄圏構想を打ち出し、さらに石油、錫《すず》、ゴムなどを産出する蘭印（インドネシア）にも進出を図った。

大日本帝国は日の出の勢いだった。東南アジアや中国の市場を巡り、米国は日本の拡大主義に警戒心を抱き、仮想敵国と見なし、日米の対立は日々深まる一方だった。

アメリカは日本への石油の輸出を全面的に禁止する措置を取り、オランダもこれに同調した。

この結果、日本の石油の備蓄量は約一年分に減り、日本は重大な岐路に立たされた。日本の決断は対米英オランダ戦の決定だった。

山本はこうした動きに批判的だった。

ヒトラーにしてもムッソリーニにしても所詮、二流の人物ではないか。彼らと手を結ぶのは多いに疑問だ。山本はこうした事態に危惧を感じ、そんなものを結べば、米英との関係が悪化し、戦争になると警告した。

この時期、日本は混乱していた。

昭和十一年二月二十六日、陸軍の青年将校二十一人が独断で千四百人の兵を動員、政府要人、陸軍首脳らを射殺する集団テロ事件が起こった。

彼らは内大臣、侍従長、牧野伸顕《まきののぶあき》前内大臣らを襲い、斎藤実内大臣、高橋是清《たかはしこれきよ》蔵相を殺害、鈴木貫太郎侍従長に重傷を負わせた。さらに反軍的新聞として朝日新聞社に押し掛けた。

「馬鹿なことをするものだ」

山本は陸軍の跳ね上がりを慨嘆《がいたん》した。

拡大する日中戦争

昭和十二年（一九三七）、中国盧溝橋《ろこうきょう》で、日中両軍が衝突し、日中戦争へと拡大していった。アメリカは日本に対し中国への介入をやめるよう警告した。

三国同盟への動きもすべて裏目に出た。米国は日本に厳しい制裁を科した。

日本の主な輸出品だった綿製品に五十パーセント近い関税をかけた。石油やゴム、錫などを産出するアジアの諸国もアメリカに屈して日本への輸出を閉ざした。

かくて日米関係は最悪の事態に陥った。

日本は原材料が入らず、工業生産はひどく落ち込んだ。石油不足は深刻だった。飛行機は飛ばなくなるし、軍艦も走れなくなる。昭和十七年六、七月ころには石油の貯蔵皆無となり、日本海軍もその機能を全く失う恐れが出てきた。

「それ見たことか」

山本は三国同盟を推進している陸軍や海軍の一部を罵倒した。

陸軍は「アメリカ人を贅沢志向だ。日本軍は勝てる」と豪語していたが、山本がみるに、米国の科学技術は日本よりはるかに上だった。ヤンキースピリットも強い。見間違うと、とんでもないことになると危惧した。三国同盟は何の役にも立たない。山本は身の危険を顧みず公言した。

それにしても不可思議なのは、外交官の松岡洋右《まつおかようすけ》の動きだった。松岡は山口県の廻船問屋に生まれたが、十一歳のとき家業が倒産、そのためか十三歳の時にアメリカに渡っていた伯父を頼って渡米、二十二歳で帰国するまで九年間を西海岸で過ごした。その間、オレゴン大学にも学び、多くの友人も得たが、人種差別を体験したことで、アメリカに強烈な対抗意識をもって帰国した。

松岡は、かつて満州国は違法だとするリットン調査団の勧告にも反対、「満州はわが国の生命線」と強く主張し、国際連盟からの脱退を表明した。長州人には、そうした無鉄砲な気質があった。

軍紀の乱れ

最近、昭和天皇の弟宮で陸軍軍人だった秩父宮雍仁《やすひと》親王が日中戦争における軍紀の乱れを懸念した書簡が見つかったと読売新聞が報じた。（令和二年十一月十五日朝刊）

秩父宮は大正天皇の第二皇子、青森の歩兵第三十一連隊大隊長や参謀本部参謀を務めた方である。日中戦争には否定的で、同じ軍人皇族で、中国華北地方に出征していた閑院宮春仁《かんいんのみやはるひと》王あてに、

「中支方面の軍紀風紀に関しては、之が日本の軍隊かと唯《ただ》嘆ぜらるることのみ聞かれまして遺憾と申すほかありません」

「内地において耳にすることの中に日支親善、東洋平和確立の礎という見地から見まして疑問に思われることも少なくない様に考えられます」

という記述もあった。

日中戦争はまさしく日本陸軍の汚点だった。

米内の配慮

山本が海軍次官から連合艦隊司令長官に転出したのは、昭和十四年である。

山本を海軍大臣にという声もあったが、非戦をとなえる山本の命を右翼が狙い、殺されるおそれがあった。連合艦隊司令長官なら暴漢に襲われる心配はない。

「現場に戻そう」

と米内が配慮した人事だった。米内も米国との戦争には反対だった。米国と戦った場合、長期戦になれば、物量が豊富な米軍が日本を圧倒することは間違いない。軍艦の数はまあまあとしても飛行機は圧倒的に米軍が優位だった。

「ここは隠忍自戒《いんにんじかい》、臥薪嘗胆《がしんしょうたん》しかない」

それが米内や山本の心境だった。

国民は米国事情を知らない。中国の戦線で陸軍が苦戦を強いられていることも知る由がない。新聞が陸軍の苦戦を伝えようものなら発刊停止、編集幹部は追放された。

泣く子と米国には勝てない。国民は米国を恨んだ

航空第一主義

昭和十六年（一九四一）一月、山本は大規模な機構改革を行なった。基地航空部隊を統括する第十一航空艦隊を編成、さらに四月には「赤城」「加賀」「蒼龍」「飛龍」「龍驤」の空母五隻を基幹とする第一航空艦隊を結成した。航空第一主義をとる山本執念の大改革だった。

参謀源田実は航空兵歴十五年、数千時間という飛行時間は飛びぬけて多く、当初からいずれ海軍航空隊を率いる人物とみられていた。

米国海軍も源田には注目しており、昭和十五年九月、駐在武官補佐官として赴任していたロンドンから帰国する時、源田をぴったりマークし、探りをいれていた。この時の源田の行動は日本人離れをしていた。

当時、外国から帰国する時は、外国航路の汽船を利用するのが一般的だったが、源田は、大西洋を大型飛行艇で横断、ハワイに立ち寄るという山本も仰天する行動をとった。

この行動をキャッチした米海軍情報部はハワイで源田を待ち受けていた、

日本海軍の情報部員も今や遅しと待ち構え、源田が乗った船がホノルルの桟橋に横づけになると、さっそく情報部の友人が、

「米海軍のGメンが君を探しているよ」

といった。上陸すると、ほどなく米海軍情報部の人間が現われた。

「源田少佐か」

「そうだ」

「ロンドンはどうだったか」

と聞いた。

「真っ暗だった」

ドイツ空軍の爆撃で灯火管制の日々だった。

「ハワイに上陸するのか」

「決めていない」

源田が答えた。

米海軍情報部は、日本海軍が真珠湾に興味を抱いていることを感づいており、源田に、

「あなたのことはマークしてますよ」

と、さりげなく警告したのだった。

対日経済封鎖

米国は強硬だった、
米国から石油の輸入を止められた日本が、資源を求めて北部仏印（フランス領インドシナ）、さらに南部仏印に進駐すると、アメリカは石油に加え屑鉄などの戦略物資を輸出禁止し、いわゆる対日経済封鎖に踏み切った。

スタークス海軍作戦部長は、真珠湾を基地の太平洋艦隊を強化し、日本軍に対処する考えを示した。

日本をトコトン締め上げる処置である。

米国と事を構えて本当に勝てるのか。

日本政府は大幅に譲歩して、南部仏印からの日本軍の撤退を提案したが、アメリカは、

「問題は中国からの撤退だ」

と拒絶した。されぱと持ち掛けた日米首脳会談も断られた。日本は資源を確保するために、自存自衛の戦争に追い込まれた。

明治以降の日本には、ロシアの軍事的な脅威を阻止するため満州を死守しなければならないという基本的姿勢があった。

その結果、中国のナショナリズムが対立し、抜き差しならない関係になっていた。これも太平洋戦争の遠因だった。

現代の感覚でいっても石油を止められれば、どうなるか。オイルショックのとき、一部でパニックも見られたが、完全にストップすれば、国民生活は破綻するであろう。

しかし戦前の民需石油は、今日に比べれば遥かに少なかった。問題は航空機や軍艦、軍の車両の燃料だった。軍の衝撃は大きかった。石油の備蓄のあるうちに開戦に踏み切る。そうした考えが俄かに浮上した。

近衛首相は日米交渉を行なうが、日本叩きを狙う米国は中国からの撤退を求めて一歩も引

かない。

近衛は行き場を失った。

米国の巧妙な罠だった。

第十一章　開戦準備

苦悩する山本

山本は日々、ため息をついていた。

山本の頭に浮かんだのは、ハワイ真珠湾に浮かぶ米太平洋艦隊を奇襲攻撃し、空母を殲滅することだった。

山本は連合艦隊参謀長の福留繁少将に、

「艦載機でハワイを奇襲攻撃し、米国太平洋艦隊を壊滅させ、米国の戦意をくじき、和平交渉を持ち掛けるのはどうかね」

と問いかけた。

福留は驚いた。

しばし、山本の顔を見つめた。

攻撃機をどのようにしてハワイ近くまで運ぶのか。運ぶにしても米海軍に発見されたらたちまち沈められてしまう。

太平洋には様々な船が運航している。間違いなく発見され、米国に通報されるだろう、

「変な話をもちかけたのは黒島亀人《くろしまかめと》に違いない」

と福留は思った。

「それにしても山本長官はおそろしい」

福留は答えに窮した。

連合艦隊司令部は実戦部隊の頂点に立つシンクタンクである。ここには参謀長以下、首席、作戦、航空、通信、航海、水雷、機関、政務などの参謀が配置されていた。

首席参謀は黒島亀人といい、変人、奇人の噂のある人物だった。山本が連合艦隊司令長官に就任した時、海軍省人事局は島本久五郎大佐を首席参謀に予定していた。

海軍兵学校時代、秀才の誉れが高く米国駐在や海軍大学校の教官も務めた人物である。しかし、山本は黒島亀人を首席参謀に抜擢した。

異常に癖のある男で、「赤城」の首席参謀室にこもり舷窓はすべて閉じ、部屋を暗くして瞑想にふける日々だった、夏は素っ裸になり作戦計画を練るという皆があきれる男だった。

山本はその変人、奇人ぶりに注目し、

「あいつは思いもよらぬ発想をする」

と黒島を評価していた。真珠湾攻撃は黒島の発想だったという説もあるぐらいで、日米戦争に関して二人があれこれ話し合っていたことは、間違いないだろうと思われた。

ともあれ真珠湾攻撃は大冒険だった。

福留はしばし無言だった。

「どうした」

山本にいわれ、福留はわれに返った。

成功の可能性を問われれば、十人中九人までが首をかしげる作戦だった。

日本海軍の意図が米海軍に察知された場合、日本の空母の何隻かは間違いなく沈むことになるだろう。成功するには米海軍に探知されずにハワイ近辺まで空母を進めるしかない。それが可能な保証はない。加えて奇襲が成功した場合、アメリカ人のヤンキー魂に火をつけることになるだろう。リスクは数限りなくあった。だがむざむざと米国に屈するわけにはいかない。

「はあ、研究いたします」

福留はなんとかその場をとりつくろった」

「皆によく説明してくれ」

山本に念を押され、福留は長官はやる気だと判断した。

日米交渉が難航したとき、近衛総理が山本に意見を求めたことがあった。山本は、

「やれと言われれば、半年や一年は全力で戦ってみせます。しかし、その後についてはまったく確信がもてません。ですから、アメリカとの戦争を回避するよう力を尽くしていただきたい」

と述べていた。

最大の問題は石油だった。

石油を米国からの輸入に頼る日本は、戦争になれば艦船、航空機の燃料はすぐ底をつく。しかし、国民はその事情を知らない。米国何するものぞと燃えている。

山本は追い込まれた。

日本が惨敗したとき、このときの山本の発言に疑念を抱く人もいた。

「なぜもっとはっきり、日本は敗れると述べなかったのだ」と山本を批判した。しかし、それは無理というものだった。陸軍は米国との戦争を覚悟している。

国民も陸軍を支持している。間違いなく日本は米国と戦闘状態に入るだろう。

東条英機《とうじょうひでき》陸軍大臣も杉山元《すぎやまげん》参謀総長も日米戦争を辞さない構えである。

海軍は何のために空母を作り、飛行隊を強化してきたのか、マスコミや国民からの批判も殺到するだろう。右翼の襲撃に遭う危険も強まるだろう。

ただし、右翼の論客がすべて日米戦争を主張したわけではない。北一輝《きたいっき》だけは日米非戦論を唱えていた。

日米戦争は必然的に世界第二次大戦となる。イギリスは米国につくだろう。ロシアは共産主義による世界革命という論理に従って中国を支援し、アジアに共産主義革命を引き起こそうとするだろう。日本は米国と手を結ぶしかないだろうというのが北一輝だった。

これは卓越した見解だった。

山本は日米戦争を「Z作戦」と呼び、真珠湾攻撃の具体案作成が連合艦隊福留参謀長から第十一航空艦隊参謀長の大西瀧治郎《おおにしたきじろう》少将に回された。

大西は福留参謀長からこの話を聞いたとき、しばらくポカンとして福留を見つめた。米太平艦隊を奇襲攻撃する。これは誰も考えたことのない大作戦である。疑義をはさもうものなら山本長官に一喝されるに決まっている。

「すごいことになったたな」

大西は鼓動の高鳴りを覚えた。

山本は気配りの人物で、その後、大西に手紙が届いた。

源田実

真珠湾奇襲攻撃の立案にあたって大西が期待をよせた人物は、ロンドン帰りの源田実だった。

源田は第一航空艦隊の旗艦「加賀」に幕僚として乗り組んでいた。やることが派手で、話題豊富な人物だった。

生まれは広島県。広島一中から海軍兵学校に進み、卒業後、霞ヶ浦海軍航空隊飛行学生となって以来一貫して海軍航空隊を歩み、駐英大使館付武官を務め、帰国して第一航空艦隊参謀に抜擢された人物である。

海軍航空隊は鹿児島県の志布志《しぶし》沖で訓練中だった。

大西は早速、

「相談したいことがあるから鹿屋基地に来てくれ」

と、源田に手紙を出した。

「何事ならん」

と源田は鹿屋に急行した。公室に案内されると大西少将が一人だけで待っていた。

源田がソフィアに腰をおろすと、一通の封書を取り出して言った。

何となくその封書を見ると、表には第十一航空艦隊司令部大西少将閣下とあり、裏を見ると差出人は山本五十六とあった。

「まあ読んでくれ」

大西が源田に手紙を渡した。

そこには国際情勢如何によっては、日米開戦のやむなきにいたるかもしれない。その場合は何か思い切った戦法をとらなければならない。そこで開戦劈頭《へきとう》ハワイ方面にある米国艦隊に航空機で痛撃を与え、当面の間、米国艦隊の侵攻を不可能ならしめたい。攻撃は雷撃隊による片道攻撃とする。

本作戦は本職、山本が指揮官を拝命し、全力を挙げる決意である。ついてはこの作戦、いかなる戦法がよいか研究してもらいたい、とあった。

攻撃機は遠距離から発艦してハワイに向かうので燃料を使い果たし、空母までは戻れない。帰ってきた攻撃機は海に着水し、搭乗員を駆逐艦や潜水艦が救出するという作戦だった。

海が荒れたら着水などできる話ではない。飛行隊は死ねというのか。乱暴すぎる。

「空母が飛行機を出した後、さっさと逃げ帰るようでは実施できません」

源田ははねつけた。しかし山本長官が言うのであれば、鬼に金棒、怖いことはない。帰りのことも考えてくれるだろう。源田は徐々に興味を抱いた。

「わかった。帰りも含めて研究してくれ」

大西は源田にすべて下駄を預けた。

日米交渉

この時、日米戦争を回避すべく、米国との間で政治折衝が行なわれていた。

野村吉三郎予備役海軍大将が駐米大使に就任、ルーズベルト米国大統領との間で、日米交渉を行なったが、進展はない。

日米交渉は暗礁に乗り上げた。

日本が海外で築いてきた満州国をはじめすべての財産を放棄しなければならない。それはできない相談だった。

「ここはもはや戦争しかない」

と陸軍は頑強だった。

「えらいことになった。奴に相談するしかない」

源田は早速、鹿児島基地の飛行隊指揮所に顔を出した。隊長の淵田美津雄《ふちだみつお》に会うためである。

「おい」

「おう」

「うん」

という兵学校同期生らしい挨拶を交わしたが、源田の表情が、いつもと違っていた。目のあたりに険しい翳《かげ》りがあり、ただごとではない雰囲気だった。

「なにか大事な用件があるのか」

と淵田が聞いた。

驚くなかれ、日本海軍が真珠湾攻撃に踏み切る。その航空隊の総指揮官をやってくれというとてつもない話だった。

「誰が言いだしたんだ」

「山本長官だよ」

「えぇッ」

淵田は驚いた。

「まあな。旗艦の参謀長室に来てくれないか」

と源田が言った。

開いた口がふさがらないというか、破天荒《はてんこう》というか、とんでもない話であった。真珠湾を攻撃するなど冗談じゃねぇやと思ったが、参謀の源田が真面目な顔で言うのだから本当なのだろう。しかし一瞬ではあるが、これは面白い話にひきずり込まれたという感じもした。

南雲は渋い顔

淵田が有明《ありあけ》湾に浮かぶ「加賀」の参謀長室に顔を出すと、そこには第一航空艦隊司令長官の南雲忠一《なぐもちゅういち》中将と参謀長の草鹿《くさか》龍之介《りゅうのすけ》少将と配下の幕僚たちがいた。

「淵田飛行隊長を連れてきました」

と源田が言うと、

「おおう」

と南雲が言い、それきり黙ってしまった。普段よりもいっそう苦虫《にがむし》を噛みつぶしたような顔をしていて、しきりに爪を噛んでいる。一説によると、爪を噛む癖は不安を押し殺す動作だそうで、迷っている様子がありありだった。

南雲が真珠湾攻撃というとてつもない作戦に反対であることは、その動作や表情で淵田にもはっきり分かった。

参謀長の草鹿少将も南雲長官に合わせるかのように、黙りこくっていた。これは多分に三《しゃ》味《み》線《せん》であろうと淵田は思った。

草鹿は山本長官の秘蔵っ子の一人である。航空畑が長く、霞ヶ浦航空隊の教官や艦上戦闘機の実験委員を務め、飛行船の研究でアメリカに行ったこともあった。

空母「赤城」の艦長、第二十四航空戦隊司令官などを経て、第一航空艦隊の参謀長になっていた。空母運用のエキスパートである。

南雲の心中を察して、押し黙っているに違いなかった。

部屋のなかに巨大なオアフ島の模型があった。オアフ島の地図もあった。

「ここまで作戦が進んでいるのか」

淵田はびっくりした。源田は苦り切っている南雲長官にチラリと目をやりながら、真珠湾攻撃の具体的な作戦を切り出した。

「見てくれ、これがフォード島だ」

源田が模型に手をやった。真珠湾の真ん中にフォード島があり、そこに多くの空母と戦艦が係留されていた。これをやるというのか。こいつめ、知らぬ間にこんな研究をやっていたのか。淵田は目を皿のようにして模型に見入った。

「魚雷でやれんか」

源田が言った。それはもちろん、魚雷がいいに決まっている。命中の確率は高いし、破壊力も凄い。しかし問題は海域の水深だった。発射された魚雷は海面に落ちると一度、約六十メートルぐらい潜る。それから浮き上がって四ないし六メートルの深さで敵艦めがけて突っ走る。

深度六十メートルというと結構な深さである。真珠湾がそんなに深いとは思えない。

「ここの水深はどのくらいあるんだ」

「それが十二メートルしかない。海面距離もせいぜい五百メートルだ」

「なんだって？」

淵田は大きな声をあげた。深度十二メートルでは、魚雷は海底に突き刺さり、そこで爆発してしまう。しかも海面距離が短いのも問題だった。海面距離とは、飛行機が侵入する地点から目標物までの距離である。普通は千メートルないし千五百メートルのところから魚雷を発射している。

係留されている艦艇が、外海ではなく湾の内側に向いている。これではいっそう海面距離がとれず、曲芸飛行で魚雷を発射しなければならない。こりゃ駄目だと思った。

「難しいなあ」

源田に言うと、南雲長官が、

「そうだろう、そうだろう」

という顔で源田参謀を見た。しかし源田はお構いなしだ。

「おい、水臭いぞ、なんとか考えてくれないか」

と強引だった。淵田は「分かった」とは言えず、「うんうん、いずれ返事をするよ」と答えて参謀長室を退出しようとした。すると、南雲長官が、「慎重に当たってくれ」と初めて口を開いた。淵田は「はい」と言って、急いで部屋を出た。

「成功させるしかないな」

源田の表情はきびしかった。

「吉と出るか凶と出るかは、奇襲が成功するかどうかだ。奇襲に成功したとして問題はハワイに空母がいるかどうかだな」

「空母がいなければ反撃を食う」

「難しいなあ。占ってもらうか」

「やめておけよ、俺は成功すると信じているよ。米国は日本に戦争を仕掛け、開戦を待っているんだろうが、まさか機動部隊でハワイを攻めるなどとは、夢にも思っていないだろう。では前祝いとして、夜の街に繰りだすか」

源田と淵田は飛行隊長たちを連れて鹿児島の街に消えていった。

第十二章　開戦日決定

機動部隊の航路

日本の命運を分けた昭和十六年が訪れた。

山本の命令で日本海軍は日米開戦に関する調査研究に着手、米太平洋艦隊の徹底調査が開始された。

真珠湾に常駐する米太平洋艦隊の行動海面はハワイ列島の南方海域面に限られており、毎週月曜日に出港して、金曜日の午後から土曜日までの間に真珠湾に帰港していた。

哨戒機の主体は飛行艇で、常時哨戒しているのは、ハワイ列島の南方方面が主で、北方海面は無警戒だった。

日本海軍がハワイを攻撃するかもしれないという情報は米海軍に伝わっていたが、あまりにもリスクが大きい話だったので、実現不可能というのが米海軍の分析だった。

真珠湾奇襲攻撃の考えられる奇襲攻撃のコースは三つあった。一つは南方コースである。

しかし発見される危険が極めて高い。第二は、南方と北方の中間コースで、利害得失が半ばしていた。

第三のコースはアリューシャン列島の南に沿って東行し、ハワイのほぼ真北からまっすぐ南下する進路である。

冬場の北太平洋は、商船もこの海面を避けて、ベーリング海を通るほどの荒海である。発見される危険は、極めて少ないが、果たして艦隊が航行できるかどうかが問題だった。

洋上での燃料補給も成功するかどうかあやしかった。

油槽船からパイプをつないで行なうのだが、その際、双方は至近の間隔に接近するので、荒天のために接触事故でも起こしたら大変なことになる。

だからといって、北方航路を断念して、最短距離の南方航路をとることになると、爆弾を抱えて火の中に入っていくようなものである。問題、多々あったが、敵に発見されにくい北方コースが採用になった。

この作戦には日本人の緻密な思考が秘められていた。すべて前代未聞の大作戦である。

すべて秘密裏に進めることが鍵だった。

電報も最小限に抑え、暗号が漏れることを警戒した。

ハワイ作戦は空母と艦載機が主体である。

使用する空母は第一航空戦隊の「赤城」「加賀」、第二航空戦隊の「蒼龍」「飛龍」に、第五航空戦隊の新鋭空母「翔鶴」「瑞鶴」の二隻を加えた六隻を基幹とすることに決まった。

搭載機は三百七十八機、予備機五十四機である。

大艦隊である。

十一月十七日、機動部隊の各艦艇が、佐伯湾（大分県）に集合した。

機動部隊の旗艦「赤城」の飛行甲板に各級指揮官、幕僚、飛行科士官が集められ、山本から真珠湾の奇襲攻撃が告げられた。

冬期、北太平洋海面を航行する商船は、ベーリング海を通っているなどが報告された。

昭和十五年夏には北部仏印進駐、日独伊三国条約締結など強腰の政策が決定、対米戦に進展する公算が大となった。

一匹狼

飛行機の搭乗員の多くは、志願して海軍飛行予科練習生となり、空への憧れを胸に秘めて海軍の門をくぐつた若者たちであった。

皆、腕がよく、兵学校を出たからどうのという世界ではなかった。

艦隊勤務の場合は海軍兵学校出の士官と一般の兵では貴族と奴隷ほどの差があり、食事も居住空間も違ったが、搭乗員には、それほど極端な差はなかった。

制空隊の場合は単座（一人乗り）の戦闘機である。士官であろうが下士官であろうが、少年飛行兵の出身であろうが、搭乗員であることに変わりはなかった。だから飛行隊長という職務は、むやみやたらに威張るだけの人間では務まらなかった。

飛行隊長の職務は状況を的確に把握し、攻撃隊に指示することであった。敵艦隊の攻撃に向かった場合、飛行隊長は上空で敵艦隊の様子、敵機が襲ってこないかどうか、天候の変化はどうかなどを総合的に判断し、命令を下すことが職務であった。

飛行隊は制空隊、雷撃隊、水平爆撃隊、降下爆撃隊と分かれており、邪魔する敵戦闘機は制空隊の零戦が撃墜、あるいは蹴散らし、その間に降下爆撃隊が急降下して爆弾を叩き付ける。そこへ両舷から雷撃隊が迫り、魚雷を発射する。さらに水平爆撃隊が駄目押しの爆弾の雨を降らせるという連携攻撃である。

これができれば、どんな艦隊でも敵うはずはなかった。操縦者は淵田の指示によって飛び、電信員は淵田の命令を僚機や空母、航空基地に伝えた。

隊長の任務は実に重いものがあった。

淵田はそろそろ四十に手が届く年代だったが、航空経歴十五年、数千時間という飛行時間は飛び抜けており、大作戦の飛行隊長はこの人しかいないというのは、誰しもが認めるところだった。

淵田は海軍兵学校から海軍大学校に進んだエリートである。海大入校は昭和十一年、海軍少佐のときである。言葉がざっくばらんな関西弁ということもあって、この人には妙なエリート臭はなかった。

若い頃から威張るのが嫌いで、実力もないくせに海兵を出たというだけで天狗になっている奴を軽蔑していた。

集中配備

当時、日米双方の航空母艦群の間で行なわれる航空決戦こそが、海戦のあり方を決定づけると考えられていた。

空母を集中配備し、そこから一斉に飛行機を飛ばして敵の空母群を叩くやり方である。一隻の空母に搭載できる飛行機の数は知れている。米国艦隊と決戦に及ぶには三百機、四百機という大量の飛行機を飛ばさなければならない。そのためには空母を集中配備し、大量の飛行機を一気に飛ばさなければならない。

このやり方は危険な面も持ち合わせていた。集中配備の場合、一度敵に発見されれば、根こそぎやられてしまう危険もはらんでいた。源田は、

「へっぴり腰で戦争なんかできるか」

と臆するところなく集中配備を主張した。複数の空母から同時に飛行機を飛ばし、同一目標に集中攻撃をかける戦法である。

この男がいれば鬼に金棒だ。

淵田は源田に全幅の信頼を置いた。

「ハワイを奇襲攻撃するとなれば、空母は六隻以上だな」

源田が言った。

そこから約八十機の爆撃隊と雷撃隊、約三十機の制空隊を発艦させ、敵に向かわせる。味

方空母には四十機の戦闘機を残しておき、敵機の警戒に当たらせる。さらに空母の周辺には巡洋艦、駆逐艦を配備し、敵機が襲来した場合、集中対空砲火を浴びせて撃退するという戦法だった。

恐らく米軍も考えていることは同じだろう。

要はどちらが先に敵空母艦隊を発見し、奇襲攻撃をかけるかにあった。

怖いのは、空母がきわめて脆弱だということだった。

だだっ広い飛行甲板は、降下爆撃機から見れば、これほど狙いやすいものはない。おまけに一発でも爆弾を食らえば、飛行機は発艦も着艦もできなくなるのだ。

爆弾を受けて甲板に穴があいた程度なら修理も可能だが、内部には飛行機の燃料である高品質のガソリンを満載している。それに引火すれば、たちまち大火災となり、手のつけようがなくなる。

爆弾、魚雷も満載しているので、誘爆すれば沈没は免れない代物だった。そうなれば飛び立って敵艦に向かった飛行機は、帰ってきても着艦すべき空母がない。もはや海上に不時着するしかないのだ。一瞬にして機動部隊全体が壊滅する危険があった。

同期の二人

源田と淵田は海軍兵学校では同期だったが、歩んできた道はかなり違っていた。

源田は秀才タイプで、広島一中の四年で入学してきたので、年も一つか二つ若かった。

同じ航空畑といっても源田は戦闘機の操縦者であり、「源田サーカス」といわれる派手なアクロバット飛行をやるほどの腕の持ち主だった。弁も立ち、頭も切れる。腕もいいとなれば、頭角を現わすのは目に見えており、英国の日本大使館附武官補佐官として英独の飛行機や航空戦をつぶさに見てきた。すべての面で自信がみなぎっていた。

一方、淵田は地味な男だと自分では思っていた。戦闘機に比べたら鈍重な雷撃機乗りである。しかも偵察員だった。万事が縁の下の力持ちといった存在だった。下積みで苦労してきただけに、周囲や部下たちへの気配りに優れていた。

気配りの人である山本には及ばないが、部下の信頼も厚かった。だから飛行隊長に選ばれたのだ。淵田は、この作戦に携わる一人ひとりが作戦の意味を理解し、一致団結して事に当たるのが成功への道だと考えていた。

源田が安心して淵田に飛行隊を任せた真意も、そこにあった。

指揮官たち

訓練が仕上げの段階に入ると、有明湾の旗艦「赤城」での打ち合わせが多くなった。

淵田は艦隊司令長官の南雲中将や第二航空戦隊司令官の山口多聞少将に会う機会も増えた。

この作戦、艦隊幹部が必ずしも全員一つに結集しているわけではなかった。肝心の南雲が、懐疑派で、

「真珠湾攻撃はあまりにも投機的すぎる。南方作戦が先だ」

というのが南雲の本音だった。これに対して山口司令官はハワイ攻撃の支持者で、ハワイ作戦を行なうかどうかの作戦会議で、反対する南雲を向こうに回し、

「アメリカ海軍の闘志は旺盛である。必ずや太平洋艦隊はイギリス、オランダ、豪州の艦隊も糾合して、わが南方作戦に反撃を加えてくるだろう。そうなれば日本本土が攻撃にさらされる。真珠湾を叩くことが先決だ」

と強気な意見で、会議をリードした。

「山口さんの言うとおりだ。山口さんは、アメリカの駐在武官をやっていたので、敵の事情にも詳しいし、飛行機も知っている。機動部隊の長官は南雲さんではなく、山口さんがふさわしい。年功序列なんかやめて実力主義に切り換えるべきなんだがなあ」

源田は山口を支持した。

陸軍にくらべれば海軍の方が開明的だったが、人事に関しては依然として年功序列だった。

南雲は水雷の出身である。雷撃隊の訓練の際は、自ら艦を指揮して魚雷を回避したこともあったが、訓練が進むにつれて飛行機の威力には、ほとほと感心したようで、

「やはり飛行機の時代だな」

と漏らすようになった。

ただし作戦を立案する軍令部が、ハワイの奇襲に難色を示した。

その理由は――、

ハワイまでは二週間近い航海になるので、途中、敵艦船、航空機、あるいは中立国の艦船

に遭遇する可能性が高い。

敵は厳重な飛行哨戒を行なっていると見なければならない。ハワイ攻撃前に発見されれば反撃を受け、戦果は期待できない。

加えて艦船は途中で洋上給油をしなければならない。機密保持のため荒れる北の航路をとることになろうが、燃料補給は大丈夫か。

真珠湾は浅海なので魚雷攻撃は簡単ではない。もし敵が魚雷防御網を張っていると、雷撃の効果はさらに低くなる。

水平爆撃も悪天候の場合は効果が著しく減少する。高度が十分にとれないと、戦艦の防御甲鈑を貫徹できない。雲が低い日は最悪で、爆撃ができない。

石油資源を確保するための南方作戦に、多くの空母が必要である。ハワイ作戦はあまりにも投機的で、虎の子の空母を失うようなことになれば、南方作戦にも重大な支障が出る。

——などなどである。

しかし山本は、終始一貫、方針を変えることはなかった。

「戦争はもともと冒険的なものだ。冒険を恐れて戦争はできない」

と突っぱねた。

「後は運ですな。山本さんはツキを呼ぶ人だからな。やるしかあるまい」

源田が言った。

「まあ、訓練をきちんとやり、後は運を天にまかせ突っ込めば道は開けるか」

源田が言うと、淵田は、

「お前は空母で見ていればいいが、俺は大変だ」

「そこを何とかたのむよ」

と源田が頭を下げた。

空母王国

日本海軍は世界有数の空母を保有していた、
第一次大戦後、空母の用兵的価値を重視し、大正十一年（一九二二）に第一号の空母「鳳《ほう》翔《しょう》」を完成させた。

当時、本格的な空母は世界のどこにもなく、英空母「アーガス」「イーグル」「フューリアス」、米空母「ラングレー」などはいずれも改造空母で、「鳳翔」こそが世界で初めて空母として完成した艦であった。

航空機時代を先取りした空母の建造だった。

続いて「蒼龍《そうりゅう》」「飛龍《ひりゅう》」「翔鶴《しょうかく》」「瑞鶴《ずいかく》」を竣工。昭和十六年の段階で保有空母は「蒼龍」「飛龍」「翔鶴」「瑞鶴」に加え、「鳳翔」「赤城」「加賀」「龍穣」「瑞鳳」「春日丸」（後の「大鷹」）を合わせて十隻を建造、世界一の海軍王国であった。

ちなみにアメリカとイギリスは空母、商船改造空母を含めてともに八隻、日本は世界最強の空母王国だった。しかし、米国が急ピッチに海軍の近代化を進め、特に飛行機の生産ははるかに日本を上まわった。

山本がそれを熟知し、開戦即、ハワイ攻撃を断行、米国人の戦意をくじき、和平交渉に持ち込むという苦肉の策だったが、全くで、米国は国をあげて日本じ立ち向かうことになる。

問題が山積していようがいまいが、海軍の部隊にとって、山本の命令は絶対である。

淵田は、

「アメ公に負けるわけにはいかねえ」

と、与えられた仕事を懸命にこなした。飛行総指揮官としての淵田の心配事は、アメリカの太平洋艦隊が本当にハワイに在泊しているかどうかであった。

「源田、ハワイの調査にぬかりはないんだろうな。行ってみたら、敵がいねえんじゃ、もの笑いだぜ」

淵田は源田によく言った。

情報収集

日本海軍の情報収集は軍令部第三部第五課が担当していた。諸外国に派遣している駐在武官はをもっとも多くアメリカに張り付けており、ワシントンには留学生も含めて三十名を配置していた。このうち二名がロサンゼルスとシアトルにいた。

さらにニューヨークの監督官事務所に十八名、カナダ、メキシコ、ブラジル、アルゼンチンにも武官を配置していた。

ここから入ってきた情報をもとに、ハワイの艦艇は空母五隻、戦艦十一隻、重巡洋艦八隻、軽巡洋艦十四隻、駆逐艦八十四隻、潜水艦三十隻、飛行機は空母の艦載機が四百機と見ていた。オアフ島の陸上航空兵力はフォード島に飛行艇が約百十機、ホイラー飛行場に陸軍の戦闘機が約二百機、ヒッカム飛行場に爆撃機が約百五十機、ペロース飛行場に偵察機約四十機がいると想定した。

ハワイの現地からは毎日、一回以上の情報が寄せられていた。

現地の視察も、ぬかりなく行なった。太平洋航路の定期客船と邦人引き揚げ船を利用して、航空、潜水艦、特殊潜航艇の専門家を乗船させ、船上から真珠湾を視察し、戦艦がフォード島の泊地に二隻ずつ並んで係留されていることも確認していた。

現地で情報の収集に当たったのは、ハワイの領事館員の肩書を持つ吉川猛夫《たけお》である。吉川は海軍兵学校の卒業生で、病気で退官後、軍令部の依頼でハワイ領事館に潜り込んだ。

吉川の調査は綿密を極めた。真珠湾に毎日のように車を走らせ、湾内に全艦隊が集結するのは、第一、第三日曜日であること、空母は一週間ほど港を留守にすることなどをつき止め、外務省あての暗号電報を使って軍令部向けの情報を送り続けた。

都合のいいことに、真珠湾を見下ろす場所に春潮楼《しゅんちょうろう》という日本料理屋があった。ここには二世の芸者もいて、ほろ酔い加減で敵の艦艇を調べることができた。

スパイ行為がばれれば逮捕である。吉川は巧妙にすべてをすり抜けて、十日に一度ずつハワイの状況を東京に打電した。

米海軍はハワイに三つの情報部門を置いていた。

ロシュフォート少佐を長とする艦隊情報担当、レイトン少佐を長とする戦闘情報担当、メイフィールド大佐が率いる対諜報担当である。ロシュフォート少佐は三年間、日本で勤務した経験があった。

レイトン少佐も駐日海軍武官補佐官の経歴があった。彼らは日本の情勢を次のように本国に伝えていた。

米海軍情報部は日本がいずれ軍事的に挑戦する決意を発表するものと考え、日本海軍の動向を日々、本国に伝えていたが、ハワイ攻撃に関する情報は皆無だった。一年ほど前にグルー駐日大使が駐日ペルー大使から聞いた情報として、

「馬鹿げているように思えるが、日本海軍がハワイ攻撃を計画しているという話がある」

と本国に伝えたが、誰もが噂話と片付けた。

こうした米国の判断に助けられて、日本海軍のハワイ攻撃の情報はまったく漏れずにいた。

ハワイ奇襲作戦

十一月七日、軍令部総長永野修身から連合艦隊司令長官山本五十六に日米開戦が伝えられ、山本は海軍航空隊の面々を有明湾に浮かぶ旗艦「赤城」に集め、ハワイ奇襲作戦の内容を伝えた。

「本当ですか」

皆の驚きは大変なもので、艦隊に興奮が渦巻いた。飛行隊長の淵田は、

「敵はハワイのアメリカ空母である。皇国の興廃、まさにこの一戦にあり」

と、訓示し、佐伯湾に碇泊する艦船を敵艦隊と見なし、第一次攻撃隊、第二次攻撃隊を発艦させる模擬訓練を連日行なった。

この間も日米交渉は継続中で、日米交渉が進展し、戦争回避となった場合は、奇襲は中止と指示されたが、

「出かかったションベンをやめるわけにはいくまい」

と南雲長官がつぶやいたとされるのは、この時である。

開戦日は十二月八日であった。

山本は「赤城」の飛行甲板に機動部隊の各級指揮官、幕僚、飛行科士官を集め、

「敵は警戒措置をとっていると推察される。諸君は十分に心して、強襲となることも覚悟し、不覚をとらぬように、心がけねばならぬ」

と訓示した。とりわけ、「強襲」という言葉が、グサリと皆の胸に突き刺さった。

強襲とは敵が待ち受けているところに突っ込むことだ。戦闘機が待ち構えており、対空砲火が激しく撃ちだされるだろう。敵の飛行機もこちらに向かってくるだろう。味方の空母も攻撃にさらされると考えなければならない。

「山本長官は刺し違える覚悟だな」

と淵田は思った。この日の山本は、日本の運命を全身に背負っている感じだった。相手

は大国アメリカ合衆国である。

下手をしたら日本が滅びる。

「大変な戦争になるな」

淵田は身を震わせた。

第十三章　単冠湾出撃

単冠湾

厳しい訓練を終えた真珠湾奇襲攻撃の飛行隊は、日本列島の北の端にある千島列島にある択捉島単冠湾《えとろふとうひとかつぷわん》に集合した。

千島列島は根室から国後《くなしり》、歯舞《はぼまい》、色丹《しこたん》、択捉、得撫《うるつぷ》、と続くが、列島最大の島が択捉だった。

国後、歯舞、色丹、択捉はいわゆる北方四島である。戦前は日本の領土だったが、戦後、ロシアに占領され、日本は返還を求めているが、一向にラチはあかない。戦前は択捉には三千七百人ほどの日本人がいて、漁業を営んでいた。

ここはもともとは千島アイヌの島でアザラシ、トド、ラッコなどが生息する海獣の楽園だった。

単冠湾は島のほぼ真ん中、太平洋に面した広い湾で、普段は穏やかで波の立たない良港だった。この時、すでに千島列島の山々は白雪に覆われ、ときおり吹き寄せる烈風は身が切られるように冷えていた。

機動部隊は一隻ずつ身を隠すように静かに単冠湾に滑り込んできた。

下北半島の大湊警備府から海防艦「国後」が択捉島に派遣され、演習と称して紗那郵便局の通信業務を一切停止させ、出入りの船も一切押さえ、外部との通信を遮断していた。また大湊航空隊の水上偵察機が東方海域を哨戒し、不審船の確認に当たっていた。

最後に入港した空母「加賀」には、ようやく出来上がったばかりの浅海面用の魚雷百本が積み込まれていた。

「やっと揃いましたね」

雷撃隊の村田少佐が顔をほころばせた。

これまで魚雷攻撃は洋上戦闘で行なわれるのを原則としたので、魚雷の沈度はさほど問題ではなかった。鹿児島での訓練では、もっぱら発射高度を下げることで解決しようとしたが、これには限度があり、安定器付き改良型が急いで作られることになった。

それがやっと間に合い、ここで各艦に積み込むという離れ業だった。

「ここの人たちは肝を冷やしているだろうな」

住民には演習と説明されたが、艦船の数はあまりにも多く、また水兵の上陸がないのも不思議だった。湾は一日中、ゴウゴウと機関の音が海鳴りのように響き、煙突からは煙が上がっていた。

「しかし、よく思いついたものだ」

淵田は無人に近いこの島を選んだ参謀たちに、ほとほと感心した。

不安

「オヤジさん、いままでは本当かいなという気持ちもありましたが、ここまで来ると武者ぶるいで鳥肌が立ってきますよ」

と村田にしては珍しいことを言った。

村田は海軍兵学校五十八期、三十を越えたばかりの若さで雷撃隊を率いている。

飛行機の搭乗員は、豪快さと繊細な部分を併せ持っていなければならない。とくにリーダーには「俺について来れば絶対大丈夫だ」というカリスマ性も必要だった。

ハワイ攻撃の場合は遠距離からの飛行になり、魚雷や爆弾で攻撃をした後、母艦に帰投しなければならない。指揮官である村田は雷撃機をまとめて飛び、敵艦を屠って帰って来なければならない。

天候がどういう状態なのか。敵の対空砲火はどうなのか。突然、暴風雨になることだってある。雲海に覆われてしまうこともある。

途中で敵の戦闘機に襲われたらどうするか。魚雷を積んだ雷撃機は戦闘機の敵ではない。それをいかにして振り切るか、振り切れるのか。

「オヤジさんについて行けばいいんだから、気は楽ですが」

村田はそう言って笑った。

「任せてくれ」

淵田は口髭をなでて答えたが、内心はそう簡単なものではなかった。実戦では訓練とは違った複雑な場面が、次々と起こるであろうことは、間違いなかった。

今度の場合は制空隊、雷撃隊、爆撃隊の一糸乱れぬ行動が大事だった。だが敵に事前に察知され待ち伏せを受けた場合は、壊滅的な惨敗は明らかだった。

ツキと勘、運、度胸、さまざまなことが入り交じって凶が吉に変わる。出たとこ勝負しかなかった。ただ、うまくいきそうな不思議な予感があった。

「いよいよだな」

と言って、源田がコートの襟を立てて甲板に降りてきた。

単冠湾には戦艦、巡洋艦、駆逐艦、潜水艦、タンカーなど艦船がところ狭しと停泊していた。

米軍に気づかれずにハワイまで行けるのか。あれやこれやが脳裏をかすめ、本当に大丈夫かという不安があった。源田は搭乗員たちに、

「なあに、たやすいご用さ」

と大きな口を叩いてきた。それが俄かに金縛りにあったように体が硬直した。

一体、どこで戦争をおさめるのかが読めなかった。アメリカをやっつけるというのなら、最後はアメリカ大陸まで攻め入って、ワシントンを攻め落とすしかない。そんなことは不可

能だ。ならばどうするのか。これまで考えなかったことが脳裏をかすめるのだった。

仮にアメリカ太平洋艦隊の撃滅に成功したとしよう。そうなれば、さらに進撃して西太平洋の制海権を獲得する。だがアメリカは巨大な国だ。そのあとどうなるのか。

彼らは物量にものを言わせて反撃してこよう。そうなれば決め手は航空戦になる。日本海軍の航空戦力はいつまで持つのか。中国での戦争はすでに五年を経過している。しかし、重慶や昆明《こんめい》の攻略もできていないではないか。それなのにアメリカと戦争を始めて本当にいいのか。

情けないことに、ここにきて淵田の心に迷いが生じた。人間はいざその場に立つと、マヨイニ迷うもののようだった。

一緒に血を吐く訓練をしてきた仲間の何人かは、間違いなく死ぬだろう。その死が報いられるのか。次々に疑問が湧いた。淵田の心はちぎれ雲のように乱れた。

隊員たちの驚き

一般隊員には行き先は知らされておらず彼らは一体、どこに向かうのか、どんな作戦なのかと皆、不審がっていた。

航路を北にとるので、飛行機の補助翼、方向舵、昇降舵は、すべて耐寒グリスに塗り替えられていた。防寒服と防暑服を一緒に渡された乗組員達は、

「いったい北へ行くのか南へ行くのか、どっちなんだ?」

と不思議がった。

ただ大作戦であることは間違いない。

不安で胸が締め付けられる思いだった。

やがてハワイ作戦が告げられ、一同、大胆不敵な作戦にキモをつぶした。

「えええ」

お互い、顔を見あわせ、しばし無言だった。

真珠湾は海底が浅い。これに対応する魚雷が必要だった。海軍技術スタッフがこの問題をクリアーしており、問題はなかったが、疑問はやまほどあった、

「飛行機を運んで、真珠湾までたどり着いたとして、吉と出るか凶と出るかは、わからないぞ。ハワイに敵空母がいなかったらすべて水の泡だ」

「ううん、難しいな。占ってもらうか」

「やめておけよ、俺は成功すると信じているよ。アメリカは日本に戦争を仕掛け、開戦を待っているようだが、まさか機動部隊でハワイを攻めるなどとは、夢にも思っていないよ」

搭乗員たちは口角泡《こうかく》をとばした。

南雲という人

機動部隊の提督南雲忠一は茫洋《ぼうよう》とした人柄で、何を考えているのか相変わらず分からない人だった。自分が突出するのではなく、いかに周囲をやる気にさせるかという人使いの妙味

を心得た提督だった。

独特の米沢弁はときとして何を言っているのか理解できず、困ることもあったが、その素朴さがよかった。ただし今回は自分に迷いがあってはならない。右か左か即断しなければならないとき、この人は大丈夫だろうか、いささか心配だった。

草鹿龍之介参謀長は秀才といわれた男であった。しかし秀才が即、戦争に長けているかと言えば、そうとも言えなかった。いま一、決断力に乏しいという風評があった。

異彩を放つのは第二航空戦隊司令官の山口多聞少将である。

南雲長官をやり込め、皆をハッとさせたが、悪びれた様子もなく、いつも堂々としていた。日本海軍の将官のなかでは、山本と並ぶ米国通である。部下にはいつも気合いを入れていたが、大変な愛妻家で、奥さんにラブレターを書き送っているという評判だった。

第一次攻撃隊は淵田中佐が直率する水平爆撃隊五十機、村田少佐率いる雷撃隊四十機、高橋赫一少佐の指揮する降下爆撃隊五十一機、さらに板谷茂少佐の制空隊四十三機、合わせて百八十四機ほどが出撃可能であった。

何機発艦できるかは、出発直前まで分からなかった。エンジントラブルがあったり、点検ミスもあったりするからだ。

なんといっても鍵を握るのは、村田少佐の雷撃隊だった。奇襲がなって敵艦隊がハワイにいたとして、そのときはいかに魚雷を放つかが攻撃の最大のポイントだった。

第二次攻撃隊は「瑞鶴」の嶋崎重和少佐ひきいる水平爆撃隊五十四機、江草隆繁少佐指揮の降下爆撃隊八一機、進藤三郎大尉の指揮する制空隊三十六機の合計百七十一機が見込まれた。第二次攻撃隊は陸用爆弾と艦船用の通常爆弾を搭載することになっていた。

十一月二十四日、「赤城」に各級指揮官、幕僚および飛行機隊幹部が招集され、南雲長官の訓示があった。

南雲長官はブルドッグのような、いつもの表情で訓示を読み上げた。

「倣慢不遜《ごうまんふそん》な米国に対し、いよいよ十二月八日を期して開戦する。ここに第一航空艦隊を基幹とする機動部隊は開戦劈頭、ハワイを急襲し、一挙にこれを撃滅し、瞬時にして米海軍の死命を制せんとするものである。これは実に有史以来、未曾有の大航空作戦であり、皇国の興廃は、まさにこの一挙にある。この壮挙に参加し、護国の重責を担う諸君は、誠に一世の光栄にして武人の本懐、これにすぐるものはない。勇躍挺身《ゆうやくていしん》、君国に報ずる絶好の機会である。この感激、今日をおいて、いずれの日にか求めん」

南雲長官は米沢弁のイントネーションで、切々と語った。

東北出身の士官は別だが、淵田や村田のように関西の者には、テンポが遅すぎるように感じたが、言葉に真情が込められていて、迫力もあった。

「最後に一言、申し上げる」

南雲が顔をあげて全員を見渡した。

「報国の赤誠と果断実行の勇猛心をもって致せば天下何事かならざらん」

南雲はこう結んで退席した。

奇襲か強襲か

飛行隊がもっとも気を遣わなければならないのは、奇襲と強襲の使い分けであった。

奇襲の場合は、なにがなんでも雷撃隊を最初に突っ込ませる必要があった。いち早く敵の戦艦、空母を叩くためである。

強襲の場合は敵の戦闘機が待ち受けている。これを零戦で叩き、雷撃隊の進路を確保、敵が待ち構えているとすれば、真っ先に降下爆撃隊が敵の対空砲火を叩く。

「隊長、その場にならなければ、こればかりは分かりませんからね」

村田少佐が言った。その通りであった。たとえば当日、強風であったとしよう。急降下爆撃で敵艦をやっつけたとしても煙が充満し、雷撃隊の侵入方向に煙が流れると、視界がきかなくなる。考えれば考えるほど危険すぎる賭けであった。

最後は出たとこ勝負であった。

二十六日朝、艦隊は単冠湾を出港、翌二十七日も天候はまずまずだった。うねりが高く艦は大きく揺れ、駆逐艦の水兵が海に転落して行方不明になった。

日米のラジオ、電報などの傍受の結果、英国の戦艦「キング・ジョージ五世」「プリンス・オブ・ウェールズ」などがインド洋方面に出没したことが判明した。

二十八日も曇りで波が高く、艦の動揺は激しかったが、「翔鶴」「瑞鶴」を除いて給油することができた。通信参謀の小野少佐は米国のハル国務長官から野村大使へ文書が交付されたと伝え、「恐らく最後通牒であろう」と語った。

二十八日は小雨の天候だったが、波は穏やかで、「翔鶴」「瑞鶴」に燃料補給が行なわれた。二十九日に軍令部から電報が入った。米国の態度が急変、きわめて強硬になり、日米会談は決裂必至だという。

源田は飛行科の士官室に顔を出して言った。ここまで来たら、もう戦うしかないであろう。

「覚悟するしかないな」

といった。

三十日は日曜日である。

月月火水木金金の日本海軍にとっては関係ないが、米軍はしっかり休日をとるという話も聞いた。

それはともかく霧も晴れ、青空が広がるいい天気である。淵田は格納庫に行き、飛行機の点検整備に時間を費やした。補給もスムーズに行なわれた。

珍しく南雲が格納庫に下りてきて、

「どうかね」

と淵田に声をかけた。

十二月一日、この日で航程の半分を消化した。この辺りからキスカ、ミッドウェー島の哨戒圏に入る。

翌二日も燃料補給が行なわれ、駆逐艦は厳重な警戒態勢に入った。夜、軍令部から攻撃命令の電文が入った。

「ニイタカヤマノボレ一二〇八」

十二月八日午前零時以降、戦闘行動を開始すべしとの暗号であった。

淵田はもう一度、搭乗員の名簿をめくった。目を閉じると、一人ひとりの顔が浮かんでは消えた。皆、個性があって命知らずの大胆な奴もいれば、じつに慎重に行動する男もいる。怒鳴りつけた男、褒めた男、さまざまだが、どの男も淵田にとっては弟のようなものであった。

一人も死なせたくはないが、戦場に出れば全員無事で帰還するのは不可能だ。必ず犠牲者が出る。名簿を見て改めて思ったことは搭乗員の九割は下士官ということだった。

兵学校出身の士官はごくわずかで、飛行隊は水兵から叩きあげた者たちが辛い思いをして、ここまで来たのだ。

「郷里には親兄弟、女房、子供もいるだろう」

淵田は責任のおもさをひしと感じた。

発進地点

発進地点が当面、大きな問題だった。真珠湾に近ければ近いほど成功の確率は高かった。半面、それは敵に発見される可能性が高くなることを意味した。

搭乗員は生身の人間である。遠いところからの飛行では疲労が増大し、とくに雷撃機の命中の確率は極端に低くなることが過去のデータで分かっていた。

爆撃に成功したとしても母艦に帰ることがまた大変なのだ。こちらの空母の所在が分かると反撃されるので、電波は出せない。自分の判断で帰ってこなければならない。

これは本来、神業に近いことなのだ。まして制空隊は一人乗りである。相談する相手もいない。天候が悪化すれば、もう帰艦は困難と思うしかなかった。燃料はもつのか、計器はいつものように作動するのか、心配ごとはやまほどあった。

発艦の地点はオアフ島の二百海里前後が検討されていた。これだと飛行時間は二時間ほどなので、戦闘を終えて、なんとか帰れる距離だった。

淵田が管理する搭乗員は、一般の兵とは大きく異なっていた。訓練の度合いも違うし、技術のレベルも皆、人並みはずれて高かった。それなのに甲飛、丙飛などと採用の違いによって差別してきた海軍の階級制度には、疑問もあった。

無線は絶対封鎖のため、洋上不時着もありえた。その場合、どうするかが問題になった。

「黙って死んでいこうじゃないか」

と言ったのは千早猛彦大尉だった。

十一月二十八日、ハワイの情報が伝えられてきた。真珠湾の在泊艦は戦艦六、空母一、重巡九、軽巡五だという。空母は「レキシントン」だと聞いて、淵田はしめたと思った。空母を奇襲攻撃できれば、それこそ最高だった。

四日、ハワイのさらに詳しい情報が入った。フォード島北西に空母「レキシントン」が動かずにいるという。また機動部隊の行動が察知された様子は一切なかった。

五日も荒天だった。敵および第三国の艦艇を発見したときは、必要があれば撃沈せよの指令が流された。

翌六日も雲が多く、上空の視界は不良で隠密行動には最適の天候だった。明朝、敵の飛行哨戒圏に入るので、第八戦隊と警戒隊に燃料を補給した。

単冠湾での寒さがまるで嘘のように気温はぐんぐんあがり、常夏の島、ハワイに接近したことが肌で感じられた。夕方、敵の潜水艦らしい電波を受信し、騒然となったが、間もなく方位測定の誤りと分かった。

大決戦はいよいよ明後日に迫った。淵田はよくここまで来られたという気がした。悪天候が幸いし、これといった船舶にもまったく会わず、敵機にも遭遇せず、ここまで来られたことは、奇襲成功の兆しに思えた。

この夜、初めて入浴が許され、各艦で小宴を開き、作戦の成功を祈った。搭乗員は整備員や同郷の者も加わり、壮行会となった。

「赤城」ではこの航海のために仕入れた鮮魚や肉、野菜をふんだんに出した。南雲長官もその席に入り、遅くまで搭乗員と一緒に酒を飲んだ。同じ釜の飯を食った仲間である。淵田も気炎をあげて皆を鼓舞したが、あるいはこれがお互いの見納めかも知れない。

万感胸に迫る一夜であった。

第十四章　トラ、トラ、トラ

攻撃計画

攻撃計画もできあがった。

攻撃隊は零式艦上戦闘機、九九式艦上爆撃機、九七式艦上攻撃機で制空隊、降下爆撃隊、雷撃隊、水平爆撃隊を編成し、真珠湾から三百海里の地点から発艦、真珠湾に向かうとした。攻撃隊は第一次と第二次に分けて発艦し、その後、順次、攻撃隊を母艦に収容することにした。

攻撃時間は夜間という案もあったが、技量に問題もあり黎明発艦、昼間攻撃となった。

ハワイの米海軍については三つの行動が考えられた。空母、戦艦とも真珠湾に碇泊している。これが最良のケースだった。次は空母だけが碇泊している場合。三番目が戦艦だけが碇泊している場合。最悪は空母、戦艦とも訓練中というケースだった。

だから偵察は欠かせなかった。もっともいい方法は偵察機を飛ばすことだが、早すぎると空襲と警戒され、本隊が迎撃される恐れがあった。

そこで潜水艦の隠密偵察に頼ることにし、偵察飛行は攻撃隊発進の直前に零式水上偵察機二機を使って、ラハイナ泊地と真珠湾に向かわせることにした。

「静かな夜明けだ。なんと平和な黎明だろうか」

淵田は落ち着いた気持ちで出撃の朝を迎えていた。海はかなり時化ていて、風は艦橋にうなり、飛沫がときどき飛行甲板に上がっていた。

十二月七日午後七時（ハワイ時間は午後十一時半）、旗艦「赤城」に、

「皇国の興廃、この一戦にあり。各員、いっそう奮励努力せよ」

のZ旗を高く掲げ、敵の哨戒圏に向かって、速力二十ノット（時速約三十七キロ）ないし二十二ノット（時速約四十一キロ）で突進を開始した。飛行機を飛ばせる地点まであと六時間である。

日没とともに月光が海を刺した。攻撃は早朝と決まっていた。夜間は無理であり、早朝に攻撃をかけ、ゆとりを持って帰投するのが無難だった。第二次攻撃もしやすかった。

機動部隊に緊張が高まった。「赤城」艦内に、

「総員起こし、戦闘配置につけ」

のラッパが鳴り響いた。

艦内の狭い通路を右に駆ける者、左に駆ける者、階段の昇り降りはすべて駆け足である。

格納庫の飛行機をすべて飛行甲板にあげて、発進する準備隊形を整え、暖機試運転が始まった。

十二月八日午前一時、「赤城」はオアフ島の北二百五十海里（約四百六十キロ）に達していた。直前偵察のため「利根」「筑摩」から水上偵察機が各一機、射出された。

しばらくたって偵察機から電報が入った。

「空母の姿なし」

というものだった。

「なんだって」

源田と淵田が同時に声をあげた。戦艦は在泊しているというが、決戦の相手は空母である。半分ツキが落ちた感じだった。

「仕方がない、戦艦を叩くか」

淵田は気を取り直した。いないものは、アレコレ言ってみたところで、どうしようもないのだ。

淵田は艦内の赤城神社に詣で、飛行甲板に立った。わずかだが二時間ほど仮眠していたので、別に眠くはない。

空はまだ暗かった。

発つときは厳冬だったが、ここは初夏の暖かさである。空には積乱雲が湧き上がり、東北東十五メートルの強風だった。しかし間違いなく晴れの気象である。

淵田は大きく息を吸った。

やがて、戦闘機、攻撃機の順に発進準備を整えた飛行機が、出発位置に並んだ。不思議に心は穏やかだった。

飛行甲板では、整備員たちが一刻を惜しむかのように飛行機にへばりつき、搭乗員たちは飛行服に身を固め、搭乗員待機室に集合していた。

淵田は漆黒の空を見上げた。それから海を見つめた。

波浪は高く、艦の動揺は思ったよりも激しい。しかし発艦に支障を来すほどではない。むしろ緊張があった方がうまく発艦できる。

「まあ、いいだろう」

淵田は自分に言い聞かせ、それから朝飯を食った。

「おはよう、隊長、ホノルルは眠っていますぜ」

雷撃隊の村田少佐が言った。この男はいつも明るい。何度その明るさに助けられたことか。

「どうして分かる?」

「ホノルルのラジオはソフト・ミュージックをやってますぜ。万事、うまくいっている証拠じゃないですか」

村田は箸をオーケストラの指揮棒を振るようにして言った。

「それはいいや」

淵田はうなずき、三分ほどで朝飯をかき込むと、艦橋の作戦室に顔を出した。幕僚たちが一斉に淵田を見つめた。

「長官、行ってまいります」

淵田は南雲長官に向かって敬礼した。長官はちょっと腰を浮かし、

「頼む」

と一言いい、淵田の手を固く握った。

暖かみのある手だった。長官は祈るような目で淵田を見つめた。

淵田は搭乗員待機室に降りた。待機室の掲示板には午前一時半の「赤城」の現在位置が書かれてあった。

オアフ島の北、二百三十海里（約四百二十六キロ）。とあった。そろそろ発艦である。

「総隊長、先にまいります。それにしても空母の所在不明は残念です」

制空隊の指揮官、板谷少佐が言った。

「うん、まったくだ。しかし戦艦がいる」

淵田は笑って板谷を見た。この男の操縦は完璧だった。まるで自分の手足のように零戦を操った。

トラ、トラ、トラ

「気をつけッ」

淵田は搭乗員を整列させ、それから長谷川喜一艦長に敬礼した。艦長は声を張りあげ、

「所定命令に従って出発ッ」

と叫んだ。搭乗員は駆け足でそれぞれの機の方に向かった。

バン、バン、バン……、飛行機から青い火花が散り、爆音が轟々と響いた。

肩を叩く男がいた。振り向くと源田である。

「おい、淵、頼むぜ」

「おう、じゃ、ちょっと行ってくるか」

淵田は笑って軽くうなずいた。相変わらず風は強く、艦の動揺は激しかった。

「どうだろうか」

飛行長の増田正吾中佐が心配顔で言った。

「いや、心配いりません」

淵田が言った。

「赤城」は風上に向かって全速で走り出した。合成風力(自然の風と空母が進むことで発生する風力)が秒速十八メートルになると、母艦から発艦が可能になる。

マストにはZ旗と並んで戦闘旗が上がった。

淵田は搭乗機に歩みよった。整備の兵曹が直立不動で敬礼し、

「これは我々の気持ちを込めた贈り物です」

と白い鉢巻きを手渡してくれた。

発艦準備が終わった飛行機は航空灯を点滅させていた。発着艦指揮所から青ランプの信号

灯が振られると発艦である。

先頭は制空隊の板谷少佐の零戦である。

「ありがとう」

淵田は礼を言って飛行帽の上から締めた。

身が引き締まる思いがした。

やがて零戦は唸りをあげて発進した。飛行甲板を飛び出したところで、一瞬見えなくなり、ひやりとしたが、すぐ高度を上げて勇姿を現わした。

数秒おきに八機の零戦が発艦した。

次は自分だ。艦の動揺は相変わらず激しい。ときおり飛行甲板がグラッと傾く。それを乗り越えて発艦するのが操縦者の腕の見せどころだ。青ランプが大きく円を描いて振られた。

「さあ、気を引き締めていくぞ」

淵田は操縦員の松崎大尉に声をかけた。

「ハイ」

松崎大尉は白い歯を見せた。九七式艦上攻撃機は重い機体を揺すって滑走を始めた。

淵田は偵察員席から南雲長官に向かって挙手の礼をした。それは一瞬のことで、飛行機は爆音を響かせて茜色の空に舞い上がった。

帽子が千切れるように振られている。

「見ておれ、必ず敵を屠ってやるぞ」

淵田はつぶやいた。

六隻の空母から第一次攻撃隊百八十三機がとどこおりなく発艦し、それぞれ指揮官機の標識灯を頼りに全飛行機が集合し、十五分で編隊を整えた。

予定よりは一機少ない機数だった。

淵田機は先頭に立って誘導し、艦隊上空を大きく旋回して、機動部隊の全員に挨拶した。全員が帽子を振っていた。淵田はそれを見ながら機を一路、オアフ島に向けた。

時計を見ると時間は午前一時四十五分であった。

ハワイ時間では午前六時十五分である。

日曜日の朝である。普段よりは朝寝坊の人もいるだろうが、そろそろ起きだす人もいるに違いない。

それにしても絶好の日和だ。

淵田は成功疑いなしとの確信を深めた。

淵田機には操縦者の松崎三男大尉、電信員の水木徳信一等飛行兵曹が搭乗していた。

淵田は後ろを振り返った。

淵田が直接ひきいる水平爆撃隊四十九機が続いている。その右、五百メートルには村田少佐の雷撃隊四十機の姿があった。左には高橋少佐の指揮する五十一機の降下爆撃隊がいた。

その上空に板谷少佐の率いる制空隊四十三機が周囲に睨みをきかせていた。

淵田は次第に高度をあげて雲上に出た。高度は三千メートル。

「まさに鞭声粛々《べんせいしゆくしゆく》、夜河を渡るだな」

淵田が伝声管に口をあて松崎大尉に言った。

「川中島ですか」

「そうだ。抜き足、差し足だよ。真珠湾が見えるまではな」

「隊長、川中島などと言うと、年が分かりますよ」

松崎大尉にひやかされ、

「まいったな、俺はまだ四十前だよ」

と淵田はホッペタを叩いた。東の空がほのぼのと明るくなった。

真っ黒に見えた雲海が次第に白味を帯びてきた。

真綿をちぎって、敷きつめたような白一色の漠々たる雲海である。

空がコバルト色に光り始めた。やがて黄味をさしてきたと思ううちに、太陽が東の空に昇ってきた。

燃えるような真紅。

そして真っ白な雲海のまわりは、黄金色にふちどられてゆく。大きな大きな太陽であった。

時計は午前三時である。

飛行機は百二十五ノット（時速約二百三十キロ）で飛んでいた。相当の追い風である。

淵田はアメリカ製のラジオ方向探知器、クルシーのスイッチを入れた。

レシーバーを耳に当て、ホノルル放送局の電波をキャッチしようとダイヤルを回した。

間もなく軽快なジャズの音楽が流れてきた。

村田のいう通りだ。気楽なもんだ。淵田はニヤリとした。

淵田は伝声管を通して松崎大尉を呼び、無線航法で行くことを告げた。

クルシーの指針にそって飛び続けると、ホノルル放送局のアンテナの真上に着くのだ。

これはたいへん便利な器械であった。残念ながら、アメリカ製というのが玉に傷だった。

さてオアフ島の天候が問題だと淵田は思った。

ホノルル放送局の周波数に合わせると天気のニュースが入ってきた。

「おおむね半時れ。山には雪がかかり雲底三千五百フィート。視界良好。北の風十ノット」

なんとラッキーなことだ。

風向が北となれば島の西側を回って、南の方から北に入ってやろうと淵田は決めた。雲が切れて視界良好というのは何よりだった。

発艦してから、ちょうど一時間半である。もうそろそろオアフ島が見えるだろう。淵田はそう思って雲の切れ目から下をのぞくと、青い海が目に入った。

この日のために血を吐くような猛訓練をしてきたのだ。淵田は目をこらして下を見た。

今度は海岸線が見えた。

間違いない。夢にまで見たオアフ島の北端、カフク岬だ。淵田は小躍りした。

「松崎大尉、ここはカフク岬だ。右に変針して、海岸に沿いながら島の西側に回れ」

「ハーイ」

総指揮官機は大きく右に変針した。

淵田は風防を開き、後ろを振り返った。どうやら一機の落伍もなくついてきている。敵の戦闘機の姿はまったくない。米海軍の者たちは日曜日の朝を満喫し、モーニングティーなどを飲んでいるのだろう。淵田の脳裏にそんな光景が映った。

「よし奇襲でいける。展開を命令するぞ。水平爆撃隊はこのままの高度で西側に回っていけばいいんだ」

「ハーイ」

松崎大尉が答えた。

いよいよである。

淵田はふたたび風防を開き、信号拳銃を取りあげて発砲した。バーンと軽い音がして黒い煙が後方に流れた。

雷撃隊と水平爆撃隊はすぐ気づき、突撃体勢に入ったが、ちょうど断雲が飛来して上空の戦闘機隊は気づかなかった。淵田はもう一発、信号拳銃を発射した。

これを見た降下爆撃隊の高橋少佐は強襲と判断して、スピードを早めた。そこに偵察機からの連絡が入った。

真珠湾の在泊艦数は戦艦十、重巡一、軽巡十だという。やはり空母はいない。それは残念だが、戦艦はすべていただきだ。天候は風向八十度、風速十四メートル、敵艦隊上空の雲高は千メートル。奇跡としか言いようのない好天である。間もなく眼下に戦艦が見えるはずだ。

「隊長、真珠湾が見えます」

松崎大尉が叫んだ。淵田は双眼鏡をとって真珠湾に照準を合わせた。

いる。いる。戦艦だ。

ゾクゾクするような興奮が淵田を襲った。

「一隻、二隻、三隻」

淵田は身ぶるいを感じながら数えた。

時計の針は午前三時十九分を指していた。いま突撃の命令を出せば、午前三時半（ハワイ時間午前八時）きっかりに火蓋を切ることになるだろう。

「水木兵曹、総飛行機に発信、突撃せよ」

淵田は叫んだ。

水木兵曹は即座に、

「ト、ト、ト」

とト連送の信号を発信した。

日米戦争の始まりだった。日本の最後通牒が遅れたことは誰も知らない。

「水木兵曹、艦隊あてに発信」

「ハーイ」

水木兵曹はすぐ電鍵を叩いた。

「トラ、トラ、トラ」（われ奇襲に成功せり）

水木兵曹が叩いた電信はすぐ機動部隊の旗艦「赤城」に伝わり、連合艦隊司令部も直接受信。数時間後には香港、上海、そして世界中に伝わった。

時を移さず、雷撃隊が戦艦群に向けて魚雷を発射した。魚雷命中の巨大な水柱や真っ白い煙が戦艦群から上がり、降下爆撃隊も逆落としで戦艦に爆弾を叩き付けた。

ころはよしと淵田は水平爆撃隊に攻撃命令を出し、高度三千メートルから爆撃のコースに入った。

そのとき地上で青白い閃光が上がり、激しい対空砲火が始まった。至近弾が右に左に炸裂する。機体がグラグラと揺れる。

さすがは米軍だ。凄まじい砲火であった。

これほど早く反応するとは見上げたものだった。

淵田機は対空砲火を避けて、ダイヤモンドヘッドの辺りから爆撃に移ろうとした。

真珠湾は地獄の光景を呈していた。飛行場からも火災が発生し、在泊の米艦隊はもはや壊滅状態だった。

正直、これはスリルに満ちた攻撃だった。

上から落とした爆弾が当たるか当たらないかを見守ることぐらい、ぞくぞくすることはなかった。

淵田はしばし自分が全軍の指揮官であることを忘れて、一瞬のスリルに陶酔した。

「ざまあ見ろ」

と言いたい心境だったが、火災の中でうごめいている人が大勢いるかと思うと、同情の気持ちも湧いた。

しかし、これは戦争である。

国際法で認められた戦争である。たまたまいまは日本軍が勝っているが、今度は敵の空母から艦載機が発進して、こちらに反撃を加えるかも知れない。

感傷的になってはならない。冷静に大胆に戦うことだ。淵田は鋭い目で炎上する敵艦の数をかぞえた。

「隊長、どこかやられませんでしたか」

松崎大尉が聞いてきた。すると後部の水木兵曹が、

「左の胴体に穴があきました。操縦索が半分ほど切れています」

と言ってきた。操縦索が全部切れたら御陀仏である。

「松崎大尉、操縦は大丈夫か」

「ハイ、大丈夫です」

元気な声が返ってきた。

ヤレヤレである。

うっかり見とれているうちに、大変なことになるところだった。淵田は冷や汗をかいた。

淵田機はフォード島の一番北にいる戦艦「ネバダ」を狙って、爆弾投下の準備に入った。

ふと脇を見ると、三番機の爆弾がフワフワと落下してゆく。

「何をやっているんだ」

と拳骨を固めて三番機に示すと、風防ガラスに黒板が出てきた。

「胴体下部に命中弾」

と双眼鏡で読めた。それで爆弾が落ちてしまったのだ。操縦には支障がないようだが、かなりの被害がありそうだった。

雲のために、なかなか照準が合わせられない。やり直しをしようとホノルルの上空を左へ大きく旋回したとき、フォード島東側の戦艦在泊位置に天にも昇る火柱があがった。しばらくして、ドドドンという大爆発が機体にも響いた。

「見ろ、大爆発だ」

「隊長、火薬庫が誘爆したんでしょうね」

松崎大尉の興奮した声が伝声管から流れた。

大成功だ。淵田も興奮し、自らも敵艦を狙って爆弾を投下した。

第十五章　幻の第三次攻撃

米海軍の混乱

日本の雷撃隊が襲いかかって来たとき、戦艦群は午前八時の軍艦旗掲揚の準備をしていた。戦艦「アリゾナ」の艦上では日曜の朝の礼拝にそなえて祭壇が設けられていた。舷側にはミサのために教会に出かける水兵を運ぶランチも着いていた。

大部分の兵士は日曜日の感覚だったが、機雷敷設艦「オグララ」に泊まり込んでいた、太平洋基地部隊の指揮官ファーロング少将は違っていた。

最初、飛行機が爆弾を落とすのを見て。

「バカ野郎、投下装置をしっかりつけろ」

と怒鳴ったが、翼に日の丸を見たとき、

「日本軍だッ、配置につけッ」

と叫び、在港の全艦艇に出撃の警報を出した。しかし、誰もが最初は信じなかった。

戦艦「ネバダ」の軍楽隊は、村田少佐の隊の雷撃機が、「アリゾナ」の方向に魚雷を発射したときも、

「むちゃくちゃなパイロットがいる」

と思ったほどだった。

午前八時十分、戦艦「オクラホマ」は横倒しとなり、総員退去の命令が出され、皆、海に飛び込み、陸に向かって泳ぎだした。

そのとき、戦艦「アリゾナ」から言いつくせないほどの恐ろしい爆発音が起こり、すべてのものを空に吹き上げ、周囲の人々を殺傷した。

「アリゾナ」は、外側の工作艦の艦首を通過した魚雷を一発受けたあと、水平爆撃の直撃を浴び、この一瞬の爆発で、キッド少将と「アリゾナ」の艦長バーケンバーク大佐を含む約千名の命が奪われた。

八百キロ爆弾が火薬庫に命中したのである。艦内は死屍累々だった、

「パールハーバー空襲さる、これは演習にあらず」

という有名な電文を打ったのは、ホノルル海軍航空基地の作戦士官ラムジー中佐であった。彼は、フォード島にある司令部の自分の部屋で、基地に向かって急降下してくる飛行機を見つけた。

「あの野郎ッ、ルール違反だ」

と烈火のごとく怒った。そのとき、ふわりと黒いものが落ちた。次の瞬間、格納庫で大爆

発が起こった。

米国太平洋艦隊が日本海軍の奇襲を、まったく気づかずにいたわけではなかった。

この朝、ハワイ時間の午前三時四十二分、警戒中の掃海艇「コンドル」がパールハーバーの入り口のブイからほんの少し出た沖合で、左舷前方に潜水艇の司令塔を発見した。これは日本海軍が放った特殊潜航艇だった。

通報を受けた駆逐艦「ウォード」はすぐ現場に駆けつけ、探索した。だが発見できず、

「見まちがいであろう」

ということになり、警戒は解除されてしまった。これも日本海軍にとって天佑だった。もし発見され、徹底的に調べられれば、

「おかしい」

ということになるはずだった。

午前六時三十分、今度はブイのある水道の外側の入り口で、はしけを曳航していた補給船「アンタレス」が、必死になって潜航しようとしている小型潜航艇を発見した。

このときも駆逐艦「ウォード」が呼ばれ、艦長は砲撃を加え、これを横転させ、爆雷を投下して止《とど》めを刺した。さらに明け方、哨戒に出たPBY飛行艇が潜水艦を見つけ、撃沈したという連絡も入った。

どう考えても日本海軍の襲撃だった。それ以外に考えようがなかった。しかしこの情報を重要視する人はいなかった。

太平洋艦隊司令長官のキンメル提督は早朝ゴルフの約束があった。

「それは誤報だ」

とキンメルは思った。

ハズバンド・E・キンメル提督は、ルーズベルト大総領の眼鏡《めがね》にかなったアメリカ海軍のエリートだった。

だがキンメルの頭には、日本の空母艦隊がハワイに来られるはずはないという先入観があった。

パールハーバーの水深は十二メートルである。そこを攻撃できる魚雷はないと思っていた。油断といえば油断だが、日本海軍がそれほどの力を持っているとは信じられぬことだった。

それにしても、この朝、小型潜航艇を撃沈し、その知らせも入っているのだ。総員配置をして警戒に当たってしかるべきだった。のちキンメルは職務怠慢を問われ、軍人としての栄光をすべて剥奪され、海軍を退職する。

米軍の失敗はまだある。

陸軍通信部隊は午前七時すぎ、レーダーに巨大な物体の影が映ったのを確認した。しかしB17の一隊がこの朝、本土の西海岸から飛来するという連絡を受けており、この巨大な映像はアメリカの爆撃機に違いないと判断した。そのとき本物のB17は遥かに遠方を飛行中で、レーダーに映ったのは、まぎれもなく淵田の第一次攻撃隊だったのだ。

米軍としては、とても人には言えないような大失態の連続だった。

「敵主力艦を雷撃す、効果甚大」

旗艦「赤城」には攻撃隊から続々、電報が入ってくる。艦橋が興奮の渦になっているころ、米海軍の電報は悲惨だった。

「パールハーバーの空襲は演習にあらず」

「オアフ急襲さる、SOS、SOS」

「ウェストバージニア付近の重油大火災、防火艇を送れ」

と大混乱だった。

第二次攻撃隊

午前七時、第二次攻撃隊百六十七機が空母を飛び立った。指揮官は嶋崎中佐である。途中で、

「ト、ト、ト」

と全軍突撃の電信を聞いた。

見事な奇襲攻撃だった。

第二次攻撃隊がハワイ上空に来たとき、真珠湾はものすごい黒煙を吹き上げていた。そのなかで米兵が高角砲や機銃にしがみつき、しゃにむに対空砲火を浴びせ続けていた。

第二次攻撃隊は次々と被弾した。エンジンから煙を吹き出し、高度を下げて行く飛行機もあった。

高度を下げながら戦艦群を見ると、二列に並ぶ内側の戦艦のように見えた。江草隆繁少佐が指揮する降下爆撃隊の阿部善次大尉は、中隊の飛行機を率いてフォード島の手前、高度二千五百メートルから左にひねって急降下で突入した。

一番右にいるでっかい艦船に照準を合わせ、

「ヨーイ、テー」

と叫んで爆弾を投下した。

一瞬、目がくらんだ。曳光弾が目に入った。高度三十メートルでフォード島を飛び越え、南西端のバーバースポイントに向かったとき、阿部大尉は初めて安堵した。生きているという実感があった。

そのうちに次々と中隊機が集まってきたが、二番機の姿はなかった。

アメリカ海軍は迎撃態勢を整え、間断なく対空射撃を続け、様相はかなり異なってきていた。

「アッ」

友軍機が次々と撃墜されてゆくたびに、阿部は悲鳴をあげた。第一中隊は三機が撃墜された。

対空砲火を止めなければならない。阿部は目を皿のようにして敵の砲台をさぐった。

指揮官・嶋崎少佐の率いる水平爆撃隊は、島の東側を回ってカネオへおよびヒッカム、フォード飛行場を攻撃した。第二次攻撃隊は第一次攻撃隊の戦果をさらに拡大した。

淵田は真珠湾上空を一度大きく旋回し、写真を撮影した。すでに滞空三時間である。

「松崎大尉、戻るぞ」

「ハーイ」

淵田機は機を空母に向けた。そのとき、一機の戦闘機が近づいてきた。

敵機かと一瞬目をこらすと日の丸のマークがあった。零戦はバンクしながら後ろについた。

そのうちにまた一機現われた。帰投の方向を見失っていたようだった。

「よかった」

淵田は胸をなで下ろし、戦果をまとめてみた。戦艦四隻の撃沈は確実であり、あと三隻は撃破まちがいなしで、ヒッカム、ホイラー飛行場も炎上中だ。

空母がいなかったのは返すがえすも残念だが、まずまずの戦果だと判断し、あとはわが方の損害がどの程度かが気になった。

被害はやはり第二次攻撃隊に集中していた。制空隊長の飯田房太大尉は、自機が被弾してガソリンが漏れているのを発見、僚機を率いてしばらく母艦の方に飛び、それから手を振って別れを告げ、カネオへ基地に突入していった。

飯田機を撃ったのは飛行場の兵器係サンズだった。サンズは突っ込んできた飯田機に自動小銃を撃ち続けて被弾させ、ガソリンを吹き出しながら戻ってきた機に再度、立ち向かい、銃弾を浴びせ続けた。

飯田が撃った機銃弾はサンズには当たらず、飯田機はサンズの頭上を飛び越す直前に射撃をやめ、そのまま地面に突っ込んでバラバラになった。

のちに米軍は飯田の遺体を拾い集め、埋葬している。

「加賀」の五島一平飛曹長は被弾して、やむを得ず敵のヒッカム飛行場に強行着陸し、ピストルで敵の飛行機を撃ち、戦死した。

また母艦の位置を見失い、二機の急降下爆撃機が位置を求める通信をしてきたが、敵空母に察知されるため回答できなかった。そのため、爆撃機は燃料が切れて、海中に突入した。

「バンザーイ、バンザーイ」

という最後の電文を聞いて、母艦の電信員は号泣した。

大勝利

ハワイ攻撃は空前絶後の大勝利といってよかった。

アメリカはひっくり返るような騒ぎだろう。

「隊長、よかったですね」

松崎大尉が言った。

「なんとか役目は果たせたな。しかし、永遠に日本に帰れぬ戦友を思うと涙が出るよ」

「ハイ、これが戦争なんですね」

松崎大尉も声を詰まらせた。

「それにしてもなあ」

淵田は溜め息をついた。無傷で残った敵の空母である。一体、敵空母はどこにいるのか。淵田は海面を見続けた。

もうひとつ、しまったという思いがあった。石油タンク群である。燃料があれば米海軍はすぐに活動できる。「赤城」に帰艦したら、とにかく第二撃の第三次攻撃隊を発進させ、石油タンクをつぶし、索敵して空母攻撃に向かわねばならない。

淵田の表情は厳しかった。

そのころ「赤城」をはじめ各空母は、殺人的な作業に追われていた。被弾した飛行機が甲板に着艦すると、中から血まみれの怪我人が運びだされる。もう息絶えた搭乗員もいた。

淵田機がブレーキを利かせて甲板に降りると、源田が走ってきた。

「淵田、お疲れさん、大成功だ」

「いやあ、皆、よく頑張った。それで何機帰ってこない？」

「三十ぐらいだ」

「そうか」

淵田は、やはりと思った。多いか少ないかは判断の分かれるところだが、帰ってこないのは誰だろうかと気になった。幕僚たちは奇襲の成功に浮かれているだろうが、現実の戦争はそんなものではない。

要は、やるかやられるかだ。奴らはいずれ復讐してくるだろう。奴らの反撃を止めるためにも、空母をやらねばならない。淵田は焦っていた。

「源田、敵の空母はどうなっている」

「それは分からん、早く来てくれ」

源田はそう言って、艦橋に駆け登っていった。淵田は搭乗員待機室に顔を出した。すでに村田少佐、板谷少佐、進藤大尉、千早大尉らの元気な姿があった。

「お前たちは凄いや」

と次々に握手したあと、艦橋に向かった。敵空母が近くにいて、艦載機が攻撃をしてくるかも知れない。攻撃機の収容と迎撃の準備で、どこも異常な興奮状態にあった。

発着甲板では第三次攻撃の準備が進められており、燃料を補給し、爆弾を搭載して攻撃機が発艦の位置に並べられていた。

淵田は艦橋に駆け上がるや、待ち受けていた長谷川艦長に報告しようとした。すると南雲長官が横から口を開いた。

「隊長、ご苦労であった。攻撃の成果はどのようなものか」

一刻も早く報告を聞きたい様子だった。

淵田は的確な判定は困難だが、戦艦四隻の撃沈は確実だと答えた。

「そうか、他の四隻はどうだ」

とたたみかけてきた。

「当分、動けない損害は与えてきたと思います。しかし、まだ多くの艦艇が残っており、第二撃の要ありです」

南雲長官は「ううむ」と考え込み、草鹿参謀長が航空基地の状況を聞いた。

南雲長官と草鹿参謀長の心配は、敵爆撃機の反撃があるかどうかだった。

「あるかも知れません」

淵田が答えると源田が、

「たとえ反撃があっても、こちらの上空直衛戦闘機で叩きつぶします」

と力強く答えた。

「では、第二撃では何を叩くのだ」

草鹿参謀長が聞いてきた。

「もう一度、戦艦を叩いて戦果を徹底させ、海軍工廠の修理施設や燃料タンクをぶち壊します」

淵田が答えた。

「分かった。このことはあとで司令部で決める。ご苦労さん」

草鹿参謀長が言った。

源田は非常に不満な顔をしていたが、さすがに何も言えずにいた。

淵田は第二撃、つまり第三次攻撃はあるものと判断して、発着艦指揮所に下り、さっそく指揮官たちと攻撃の打ち合わせに入った。そこへ「蒼龍」から信号があって、第二航空戦隊の山口司令官から「攻撃隊の準備完了」の報告があった。

「さすがだね」

村田少佐が山口司令官の判断の早さを褒めた。

「もうハワイの制空権はこちらにあるよ。ビクビクすることは何もないんだ。もっとハワイに近寄って、徹底的に爆撃すべきだよ」

村田少佐が言い、

「空母を見つけ、決戦を挑もうではないか」と板谷少佐が言った。

「隊長、引き返すらしいね」

様子を見に行った村田少佐が戻ってきた。

「なんだって？」

淵田は飛行甲板に出た。

変針の針路信号がマストに上がっていて、機動部隊はもと来た道をまっすぐに戻り始めた。

「どうも臆病すぎるな」

淵田は南雲長官のやり方に不満だった。ここは敵空母を探し出して叩く勇気が欲しいと思った。

「燃料のこともあるだろうし、こちらの犠牲を最小限に押さえたのでは」

板谷少佐が言った。

南雲長官は最終的にカリフォルニア型、ウェストバージニア型、アリゾナ型戦艦三隻、標的艦「ユタ」、重巡、給油艦各一隻を撃沈、アリゾナ型、ウェストバージニア型戦艦、軽巡そのほかを撃破したと判断し、東京に送信した。

源田は納得せず、

「この海域に数日とどまって、敵空母を攻撃すべし」

と南雲長官に執拗に食い下がった。しかし実現はしなかった。

源田は戦後、航空自衛隊に入り、空将、航空幕僚長とトップの座につき、昭和三十七年に参議院議員に初当選、以来、四期にわたって当選した。

平成元年（一九八九）に亡くなるまで、その人気は抜群だった。敗戦という苦しみはあったが、他の人々に比べれば終生、陽の当たる道を歩いた人であった。

柱島

瀬戸内海の柱島沖に錨を下ろした連合艦隊の旗艦「長門」の艦上では、山本長官を中心に幕僚たちが奇襲成功の報を待ちわびていた。敵味方からの通信傍受で、米太平洋艦隊が大混乱に陥ったことはすぐに分かった。

連合艦隊の幕僚は、佐々木彰航空参謀を除く全員が第二撃を主張、「真珠湾の港湾施設を破壊し、敵空母を求めて撃破すべし」という意見をまとめ、山本長官に意見の具申を行なった。

これを聞いた山本は、

「もちろん、それをやれば満点だ。自分もそれを希望するが、被害の状況が少し分からぬから、ここは機動部隊の指揮官に任せておこう。しかし南雲はやらぬだろう。泥棒も帰りは怖いもんだよ」

と言った。

これについては草鹿参謀長の回想もある。

「そもそも真珠湾攻撃の最大目的は、敵の太平洋艦隊に大打撃を与え、その侵攻企図を挫折させるにあった。だからこそ攻撃は一太刀と決め、周到な計画のもとに手練の一撃を加えたのだ。機動部隊が立ち向かう敵はまだ一、二にとどまらない。いつまでも獲物に執着すべきでなく、すぐ他に構えがあるとして、何の躊躇もなく南雲長官に進言して引き揚げることに決した。なぜもう一度攻撃を反復しなかったのか、工廠や油槽を破壊しなかったのかの批判もあるが、これはいずれも兵機戦機の機微にふれないものの戦略論であると思う」

それはまさしく燃料タンクと工廠施設をどう捉えるかという戦略論であった。

忘れてならないことが一つある。先にも少し触れたが、第二航空戦隊司令官の山口多聞少将の存在である。山口司令官は空母「蒼龍」「飛龍」を率いてハワイ攻撃に加わっていた。当初、この二隻の空母はハワイ攻撃からはずされていたが、山口が強硬に主張して加わった。

彼は若き日、アメリカのプリンストン大学で語学研修生として過ごした。その後、米国駐在武官となり、山本五十六の副官としてロンドン軍縮会議にも出席、山本長官直系の将官として自他ともに認める存在だった。昭和十五年、第二航空戦隊司令官として空母「飛龍」に着任、猛訓練を続けてきた。

性格は豪放で、判断が早かった。ハワイ攻撃のとき山口は、「蒼龍」に乗り込んでいたが、制空隊の菅波政治大尉が「第三次攻撃の要あり」と報告した。

「蒼龍」「飛龍」の飛行隊にただちに第三次攻撃隊の編成を命じた。

航空参謀の鈴木中佐から準備完了の報告を受けると、発進の許可をもらうべく信号旗を上げた。だが、旗艦「赤城」からは何の連絡もなかった。

山口司令官は第三波攻撃を無視されたことが不愉快だった。一ヵ月前、「長門」での図上演習のとき、山口は繰り返し修理施設や燃料施設への攻撃を主張した。しかし南雲も草鹿も興味を示さず、艦艇を攻撃することだけにこだわった。

山口は南雲と草鹿の考えに、受け入れがたいものを感じていた。

日本は燃料を求めて戦争に入ったのだ。

燃料がなければ軍艦も走らないし、飛行機も飛ばない。燃料タンクを空爆するのが当然ではないかと主張した。しかし、拒絶した理由は保身だった。これ以上は犠牲は増やしたくないという理由だった。

自分が司令長官なら敵空母を捜し、やっつけたはずなのにと悔しがった。

「南雲はただの臆病ものだ」

山口は公然と周囲に八つ当たりした。

日本では十二月八日午前六時すぎ、大本営発表があった。

「帝国陸海軍は本八日未明、西太平洋において米英軍と戦闘状態に入れり」

とラジオニュースがあり、国民の大半が聞き入った。

各大臣が次々と官邸に集まって来た。

東条首相はすこぶるご機嫌だった。

「今回の戦果は、訓練と精神力との総合した力が発揮された賜物である」

と東条首相はラジオで国民に伝えた。

国民は万歳、万歳と興奮状態だった。

第十六章　山本の焦り

本土初空襲

昭和十七年（一九四二）の四月十八日、日本本土が米軍機に爆撃された。

日米開戦からわずか四ヵ月、米爆撃機が日本の首都東京を爆撃する重大局面が発生した。

「山本を窮地に貶《おとし》めてやれ」——

太平洋各地の戦線で日本軍に押され続けていたアメリカが、国民の士気高揚を図った作戦だった。米空母「ホーネット」が東京の六百四十海里まで接近、搭載した陸軍のＢ25双発爆撃機十六機で、日本本土を襲ったのだ。

午前九時過ぎに空母を発艦したジェイムズ・Ｈ・ドーリットル中佐率いるＢ25爆撃機は、午後零時半に東京上空に現われ、爆弾を投下し、川崎、横須賀、名古屋、四日市、神戸も爆撃した。

日本の被害はハワイ攻撃で被ったアメリカの損害に比べればわずかで、数百戸が破壊され、五十人から三百人前後が犠牲になった。しかし、日本本土に飛来した米軍機を一機も撃墜できず、国外逃亡を許してしまったことは、国民に大きな精神的ショックを与えた。

「艦隊決戦を急がねばならない」

山本は焦りを感じた。

米軍機は着艦ができないため空母には戻らず、爆撃のあとは真っ直ぐ中国領内の飛行場かソビエトのウラジオストックに向かい、そこに着陸する作戦だった。

一機はウラジオストック、残りは中国にたどり着いた。飛行場を見つけられず、落下傘で降りた搭乗員もいた。一部の搭乗員が日本軍の捕虜となった。

ともあれ日本海軍の面子《めんつ》は丸つぶれ、山本の人気にも陰《かげ》りが生じた。

この時期、日本海軍の警戒は手薄だった。本土を警戒する航空兵力はないに等しく、木更津と南鳥島から哨戒機が飛ぶ程度で、大半が漁船を武装した特設監視艇約八十隻に監視がゆだねられていた。

お粗末の至りであった。

その特設監視艇から敵空母接近の知らせがあったが、米海軍艦上機の航続距離からいって、日本本土に向けて発進するのはさらに接近した翌朝になるというのが海軍の判断だった。このため零戦が発進し、警戒に当たることもなかった。

日本海軍は、まさか米空母に航続距離の長い陸軍の双発爆撃機が搭載されているとは考えもしなかった。

東京爆撃は山本が最も恐れていたことだった。

山本はこの反撃が第一弾で第二次、第三次攻撃がありえると判断した、今後、もし皇居に爆弾が投下され、天皇陛下にもしものことがあったら国民はどう思うだろう。軍部批判の大運動が起こり、日本国家が瓦解しかねない事態になる。国民は真珠湾攻撃の快哉を叫び、山本は国民的英雄に祭りあげられたが、海軍の権威は消えうせ、非難の雨が降り注ぐだろう。

山本は責任をとって自決するしかなくなる。山本の心中、穏やかではなかった。

ヤンキースピリットを痛感する出来事だった。

このとき、もうひとつ恥ずべき出来事があった。ニュースの捏造《ねつぞう》である。

「現在までに判明せる敵機撃墜数は九機にして、わが方の損害は軽微な模様、皇室はご安泰」というもので、

「素手で焼夷弾を処理」

「ぬれ蓆《むしろ》が凄い効果」

など現実ばなれの記事が朝日新聞や読売新聞を飾った。

日本からまともな新聞が消えた。国民は事実と異なる記事を読まされ、正しい判断力を失っていった。

山本の決意

米空母艦隊を倒さなければまた来襲する。日本海軍は米空母と決戦を試み、これを撃破して本土空襲を二度とさせぬことが必要だった。

山本は米空母部隊との決戦に出た。それが米軍の前線基地、ミッドウェーを叩く海戦である。あわせてアリューシャン作戦も発動した。

ミッドウェーは北太平洋の真ん中あたりに位置する小島で、ハワイから約一千海里、約千八百五十キロの距離にあった。東京からは約二千海里、約三千七百キロである。

ハワイはここから延長線上になる。

アリューシャン列島のキスカ島から東京は約千八百海里、約三千四百キロである。

山本の作戦はミッドウェーとアリューシャン列島を占領し、ミッドウェーに航空基地をつくり、米太平洋艦隊の本土接近を防ぐ。さらに米太平洋艦隊をおびき寄せ、これを撃滅するというものだった。

そうすれば西太平洋は完全に日本の制海・制空圏内に入り、二度と本土空襲はなくなる。

山本はそう考えた。

これには海軍部内に反対意見も多くあった。大本営海軍部の福留繁第一部長は、

「ハワイ奇襲と同じような要領の作戦をくり返すことは古来兵法の戒むるところであり、相当犠牲がある」

と反対した。

いったんいいだしたら他人の意見には耳をかさない山本である。むっとした表情で、

「この案が通らなければ連合艦隊司令長官を辞任する」

と迫ったので、福留が折れ、やむを得ず採択した。

情報漏洩と山本の焦り

ところがこの情報はすぐに内外に知れわたった。もっとも大事な機密情報が、いともたやすく漏れていたのである。

「次はミッドウェーだって」

と、水兵たちは気安く口《くち》にしていた。

ある部隊は、「六月以降、当隊宛ての郵便物は『ミッドウェー』に転送されたい」

と伝えた。

これを見つけた海軍情報部があわてて調べると、横須賀、大湊から発信の郵便物に多数、こうした文面が入っていた。

これは明らかに危険信号だった。

敵空母部隊の奇襲もあり得た。

参謀のなかには。

「飛行機や搭乗員の不足で、すべての空母に飛行機は搭載されていない。真珠湾で失った搭乗員の補充がさきではないか。柳の下に二匹目のドジョウはいるのか」

と山本の意向に反対するひとこまもあったが、山本は、

「お前たちは敵の影におびえている。なんたることだ」

と、気にする様子はなかった。

真珠湾奇襲攻撃で冴えを見せた山本だが、ここにきて独断専行、一人相撲が目立った。

真珠湾攻撃の時は優れたスタッフが山本の周りに集まり、綴密に作戦を練った。

しかし真珠湾攻撃以後、山本は日本海軍のカリスマ的存在となり、異議を唱える人は皆無となった。下手なことをいおうものなら

「東京空襲でつぶれた面子を回復するには、敵空母艦隊をおびき寄せ、これを叩くしかないのだ。お前たちが反対するなら、俺は司令長官をやめる」

とまでいった。

自信過剰といえなくもなかったが、正直にいえば、東京空襲を二度とさせないという山本の焦りだった。

かくしてミッドウェー島占領作戦が断行された。問題は米機動部隊の動向である。米空母艦隊が日本海軍の誘いにのって出撃して来るかどうかが鍵だった、

第十七章　ミッドウェー海戦

痛恨の判断ミス

ミッドウェー海戦の準備に当たって、連合艦隊は各地に分散している艦艇に膨大な電報を打っており、米軍はそれを皆傍受し、解析していた。日本海軍の情報は米軍に筒抜けになっていたのである。

それとは知らず、南雲機動部隊は、刻一刻、ミッドウェー島に近づいていた。

敵空母の発見に努めたが、見つからなかった。南雲は敵空母は近海にいないと判断し、ミッドウェー島の米軍航空基地への爆撃を命じた。ただし万が一、敵空母が現われた場合のことも想定し、魚雷を積んだ雷撃機を準備させていた。

ミッドウェー島からも敵の戦闘機が発進し、南雲機動部隊に向かって来た。しかし、零戦の敵ではなく、ことごとく撃墜された。

そこにミッドウェー島への第一次攻撃隊が帰艦して、第二次攻撃の必要を訴えた。

敵空母を探す索敵機からは、依然、なんらの報告もない。

空母はいないと最終判断した南雲は、待機していた攻撃機から魚雷をはずし、陸用爆弾に積み替えるよう指示した。

「それは早すぎる。空母がいたらどうするんだ」

と山口多聞司令官が、南雲の判断に首をかしげた。

この日、悪いことは重なるもので、参謀の源田が腹痛に見舞われ、体調不良で臥せっていた。そのときである。索敵機から突然、敵機動部隊発見の電信が入った。

「なんだって」

南雲は驚いた。しかし、それは巡洋艦五隻、駆逐艦五隻で空母はいないということだったので、皆がほっとしたが、次の瞬間、

「敵空母発見」

の電信が入り、艦内は騒然となった。山口多聞からは、

「ただちに攻撃隊発進の要あり」

と通信が入った。

「どうする」

南雲は草鹿参謀長と源田参謀の顔を見た。

「敵との距離は約二百カイリある。これだと戦闘機はついて来られない。敵機が来るまでにはまだ時間がある」

という源田の判断が優先され、積み替えたばかりの爆弾を魚雷に替えるよう南雲が命令を下した。

源田らしからぬ行動だった。

「どうしてだ」

水兵たちは大混乱に陥り、不満を口にした。しかし命令である。水兵は必死になって積み替えの作業を進めた。

これが日本海軍を大敗北に陥れる誤った判断になるとは、南雲も草鹿も源田もその時、夢想だにしなかった。

敵空母を見つけたとなれば躊躇《ちゅうちょ》している場合ではないはずだった。即、攻撃機を発艦させるのが常道だった。爆弾であろうが、魚雷であろうが、攻撃機を敵空母に向かわせなければならなかった。

山口はそう判断した。ところが南雲の命令は違っていた。

「魚雷に積み替える暇がどこにあるんだ」

山口は地団太《じだんだ》踏んで悔しがった。こうなれば独断で攻撃機を出そうかと思ったが、ここは軍隊である。上司の命令が絶対だった。

幾分、南雲や源田に同情の余地があるとすれば、この時、ミッドウェー島攻撃を終えて帰還する飛行機が上空に迫っていた。

着艦の前に攻撃機を発艦させると、ミッドウェー島から帰って来た攻撃機は燃料切れを起こし、海上に不時着するおそれがあった。

「苦楽をともにした戦友を見殺しにはできない」

源田はそう考えた。

このため攻撃機の発艦は後まわしになった。

現場には四隻の空母があったのだ。着艦と発艦を分ける方法はなかったのか。

理由はともあれ、攻撃機の収容と爆弾から魚雷への積み替えで、空母の甲板は、パニックになった。

「爆弾でも構わない」

山口はなおも叫び、信号を送ったが、なしのつぶてである。無駄な時間が刻々と過ぎていった。

三空母被弾

敵機動部隊の行動は俊敏だった。南雲艦隊の接近を知るや、即刻、攻撃機を発艦させた。

攻撃機が「赤城」と「蒼龍」の頭上に飛来するや零戦が素早く対応、敵機を撃退した。

続いて第二波の雷撃機十六機が襲来、零戦をかいくぐつて「赤城」と「蒼龍」に魚雷を発射した。これも高度な回避運動で、なんとか魚雷を避けることができた。機動部隊の操艦技術はすごいものがあった。しかし、間もなく事態は一変した。

午前七時二十四分を少しまわったころ「加賀」の上空の断雲の間から突如、敵機が急降下して来た。一機、二機、三機、四機、決死の爆撃である。

真珠湾の雪辱に燃える米軍である。

先頭の一機が「加賀」に爆弾を投下した。

「あッ」

皆が息をのんだ。

艦長の必死の操艦で、爆弾を逃れようとしたが、避けきれるものではない。四発目が「加賀」の甲板に轟然と炸裂した。

爆煙が「加賀」を包み、続いて二発目が命中した。真っ赤な炎があがり、次々に誘爆した。

南雲も草鹿も源田も顔面蒼白となり、言葉もない。続いて「蒼龍」もやられた。続いては旗艦空母「赤城」を敵機が襲って来た。

「赤城」は面舵《おもかじ》いっぱいに切り、対空砲火を浴びせ、逃れようとしたが、敵の第二弾が中部甲板に命中した。即、誘爆がはじまった。

艦全体を震わせての大爆発である。

南雲も草鹿も顔面がひきつり、言葉も出ない。もはや手の施しようがなかった。飛行機は爆発し、爆弾、魚雷が誘爆した。

なんとか消火して、一機でも二機目でも救おうとしたが、不可能だった。舵もきかなくなってきた。

万事休す

もう地獄である。

普通なら二、三発の爆弾を食らっても、なんとか修理できるのだが、甲板には魚雷や八百キロの爆弾を抱いた飛行機が並んでいた。飛行機はガソリンを満載している。

南雲機動部隊の空母は次々に火に包まれ、天高く黒煙があがった。

甲板にいた水兵や整備員は一瞬にして黒焦げになり、あちこちに遺体が散乱した。

「加賀」は艦橋に一発被弾し、艦長以下幹部が即死、総員退艦になった。

南雲機動部隊は万事休すである。無線も信号もなにも用をなさない。機銃弾が破裂し、豆をいるように、弾丸をはじき飛ばした。

「蒼龍」は三時間ほど燃えていたが、午後四時二十分、大爆発を起こして六百八十余人の乗組員とともに沈没した。

「加賀」も火薬庫が大爆発して八百人の乗組員とともに、戦場の海に沈んでいった。

攻撃してきた敵の急降下爆撃隊には、護衛の戦闘機などついてはいなかった。真珠湾の報復という執念に燃え、襲いかかってきたのだった。

これは明らかに南雲の判断ミスだった。敵空母発見の知らせが入ったとき、陸用爆弾のまま即刻、攻撃機を飛ばすべきだった。

南雲は大胆な判断ができない人物だった。

危ない橋は渡らない。無事に逃げることが脳裡に浮かんでくるのである。

真珠湾攻撃の場合も敵空母を探すことをせず、燃料タンクや修理施設も攻撃せずに逃げるようにして引き上げた。

「泥棒も逃げるときは必死だよ」

山本は南雲をかばった。

今回は山本の温情主義が裏目にでた。

この海戦、勝てる戦ではなかったか。

すべては南雲長官と草鹿参謀長の後手後手の指揮が招いた惨敗だった。

大惨敗

幸い山口多聞司令官が乗る「飛龍」だけは無事だった。

「仇を討ってやる」

山口は小林道雄大尉を指揮官とする零戦六機、爆撃機十八機の第一次攻撃隊を発艦させた。

途中で敵の雷撃機と出合い、二機の零戦がこれを追撃したので、護衛の零戦はわずか四機だった。

敵空母の手前で敵戦闘機の迎撃を受け、これを突破して進むと、今度はすさまじい対空砲火である。数機が撃墜されたが、五機の爆撃機が敵空母「ヨークタウン」に迫り、三発の爆弾を命中させた。

「ヨークタウン」は大炎上を起こしたが、火災はすみやかに消され、航行を続けていた。これを知った山口は、友永丈市大尉を指揮官とする零戦六機、雷撃機十機の第二次攻撃隊を発進させた。

友永大尉はミッドウェー島の攻撃の際、使用機が被弾し、その修理が間に合わず、片翼の燃料タンクが使えなかった。周囲の者が出撃を止めたが、友永は敢然として飛び立った。

友永隊は、対空砲火で被弾しながら「ヨークタウン」に肉薄し、左舷中央部に二本の魚雷を命中させた。「ヨークタウン」は四分後に大爆発を起こした。このあと友永大尉は、「ヨークタウン」に突っ込んで自爆、壮絶な戦死を遂げた。

ミッドウェー海戦は負けるはずがない戦いだった。艦隊の戦力では日本が勝っていたのだ。それがなぜ、敗れたのか。それは、敵空母発見時に南雲が判断を誤り、出撃を躊躇《ちゅうちょ》したことが敗因だった。

航空参謀の源田実中佐が病気だったことも痛かった。総飛行隊長の淵田中佐も盲腸の手術で動けなかった。

ミッドウェーで勝利し、あわよくば和議に持ち込もうとした山本の夢は消えた。

第十八章　「飛龍」の最期

もはやこれまで

山口多聞が乗る「飛龍」だけは、何とか戦いを続けていた。

しかし、ついに「飛龍」も前部のリフトに第一弾を受け、続いて三発、艦橋付近と飛行甲板に被弾した。前部リフトでは数人の兵器員が爆風で飛ばされ、海に投げ出された。

高角砲群もなぎ倒され、十人ほどの兵員が血まみれに横たわった。

そのうち上部の格納庫で誘爆がはじまった。

爆弾と魚雷が轟然と爆発し、もはや手のつけようがない。硝煙と火炎が、音を立てて機関室の通気筒に噴き込んだ。機関室はたちまち高温となり、酸欠も加わり、機関部員がバタバタと倒れた。

問題は弾薬庫である。これが爆発すれば、たちまち轟沈である。

「弾薬庫に注水せよ」

山口は加来止男《かくとめお》艦長に絶叫した。

なんとか艦を助けたい。山口は必死だった。

駆逐艦が両舷から接近して放水、消火が成功する可能性も感じられた。ところが突然、駆逐艦は離れた。南雲長官の命令で、敵艦隊に夜襲攻撃をかけるという。

「冗談じゃないぞ、追いつけるのか」

山口は激怒した。敵機動部隊はもう三百キロも四百キロも離れているはずである。

「間抜けな命令を出したのは、どこのどいつだ」

山口は顔を真っ赤にして南雲の指揮ぶりを怒った。この間に、「飛龍」はふたたび燃えあがり、艦橋にも火が迫った。

夜十時を過ぎたころ、「風雲」「巻雲」の二隻の駆逐艦が接近して、食糧や飲料水を提供してくれた。

機関室への通路は火炎に包まれ、艦橋と機関科指揮所の連絡は途絶えた。

「本艦の運命ももはやこれまでです。総員退去を命じます」

加来艦長がいった。

「しかし艦はまだ走っているではないか」

山口はなおも頑張るよう言った。しかし機関室への通路は完全に閉ざされ、米俵ががんがん燃えている。機関室が火に包まれるのは時間の問題だ。もう引火しているかもしれない。

そうなればもう航行はできない。

「やむを得まい」

山口も追い込まれた。

「自決して陛下に詫びるしかない」

山口は悲壮な覚悟だった。

この時、南雲は駆逐艦に逃れ、戦場を離脱していた。

加来艦長は総員退去の命令を発した。甲板に集まったのは六百数十人である。機関科部員はほとんどいない。機関室に取り残されたのだ。月の光が煌々と甲板に照った。山口と加来が艦と運命をともにすると聞いて、副長や参謀が、

「二人を絶対に連れて帰る」

と叫んだ。

「ならぬ、これは命令である」

加来艦長がいった。

南雲長官や草鹿参謀長が「赤城」を捨てて駆逐艦に逃れたことは知っていた。自分にはそういうことはできないと、山口は思った。自分は何百人という部下を死に追いやったのだ。

涙の別れ

山口と加来は号令台にあがり、全員に別れの挨拶をした。

「諸君の健闘を祈る」

　山口の挨拶は短いものだった。このあと皇居を遥拝《ようはい》、「天皇陛下万歳」を三唱し、「君が代」のラッパが吹奏された。

　山口は部下たちの顔を一人一人見まわした。

　全員、勇敢で立派な戦士たちだった。

　こうして死ぬことに、山口は武人の本懐を感じた。

　自分が逃げたら日本海軍の魂は消えてしまう。そう考えると、もう心は落ち着いていた。

「飛龍」から総員退去の信号が駆逐艦に送られた。皆、涙、涙だった。

　幕僚たちが山口と加来を囲んで水杯《みずさかずき》をかわした。

「さあ、移乗せよ」

　山口がいった。皆、涙を流しながらカッターに乗り移り、駆逐艦「巻雲」に移乗した。

　百数十人いた飛行機の搭乗員はわずか十数人に減っていた。掌航海長田村士郎兵曹長は、生存者を求めて後部格納庫甲板に下りた。

　そこには遺体が飛び散り、惨憺《さんたん》たるありさまだった。

　移乗作業が終わったのは午前四時半だった。

「飛龍」に山口と加来が残った。

　救助された人々は、涙にくれて二人に見入った。

　この時、じつは機関室はまだ燃えておらず、そこに百人もの機関科員が閉じこめられていることを山口は知らなかった。知っていれば、展開はまた違っていたろう。

山口は次第に小さくなってゆく駆逐艦に見入った。

距離千メートルのところで「巻雲」は停止した。米軍に拿捕《だほ》されるのを防ぐために魚雷を発射、沈めるためである。

「飛龍」に雷撃の手旗信号が送られた。

「ただいまから謹んで雷撃撃沈す」

山口はこれを静かな気持ちで受け止めた。駆逐艦「巻雲」では「海ゆかば」がラッパで吹奏され、間髪をいれず二本の魚雷が発射され、二本目が「飛龍」の中央部分に命中した。やがて浸水し、艦は沈むであろう。「巻雲」は後ろ髪を引かれる思いで、戦場の海を離脱した。

それは日本海軍史に残る見事な最期だった。

山口は加来艦長とともに戦場の海に消えた。

山本悲嘆

南雲は精神的に疲れきっていた。南雲はすべて消極的で、山口の積極果敢な戦法を採用せず、虎の子の機動部隊を失った。

「まったく、なにをやっているんだ」

山本の胸中は怒りが爆発しそうだった。

「しかし」

と山本は自問自答した。すべての責任は自分にある。

「おれが機動部隊を海に沈め、多聞を殺したのだ」

山本は痛恨の涙にくれた。

山本の温情主義がまねいた結果でもあった。ミッドウェー攻撃の指揮官には南雲ではなく、山口多聞を抜擢すべきだった。流石の山本も年功序列の壁をやぶれなかった。

歴史には「もし、あのとき」という瞬間がある。それがミッドウェー海戦であった。敵空母発見の知らせがあったとき、山本は
「どうだ、すぐやれといわんでもよいか」

とかたわらの首席参謀、黒島亀人大佐にいった。

「機動部隊に搭載機の半数を艦船攻撃に待機させるよう指導してあるし、参謀長にも口やかましく述べているのですから、いまさらいわないでもよいと思います」

黒島が答えた。

「そうか」

山本はその言葉に従ってしまった。なぜもう一度念を押さなかったのか、これは間違いなく自分のミスだ。

山本は悔いた。

淵田退艦

「赤城」の司令長官室で淵田は生き残っていた。

淵田の周辺も火勢が強くなってきた。

淵田は窓に手をかけ外に出た。発着艦指揮所は飛行甲板の上にあるので、まず機銃甲板に降りて、そこからロープを伝わって下へ行くしかない。飛行隊の立て直しもある。

ここで死んでたまるか。淵田は機銃甲板まで降り、そこから下を見た。

梯子は真っ赤に焼けて使えない。ざっと三メートルはある。飛び下りるしかない。なにせ病み上がりである。が、そんなことは言っておられない。思い切って飛び下りた。

その瞬間、甲板の下から爆発音が響き、淵田ははるか前方に叩き付けられた。

ガクッと足首ににぶい音がした。立とうにも立てない。足首をくじいたのだ。いや骨折かもしれない。ひどい痛さだ。

「隊長、しっかりしてくださいッ」

整備兵が走ってきた。

整備兵は淵田を肩にかついで、飛行甲板の先端にある梯子から錨甲板に下ろしてくれた。

そこには搭乗員や整備兵が大勢いた。

「隊長、ご無事でしたか。隊長、悔しいです」

若い搭乗員が泣いていた。

「こんな戦争ってありますか。私の小隊はみな死にました。甲板の上でですよ」

彼らは号泣した。

下には軽巡洋艦「長良」のカッターが来ていた。淵田は救援隊の手でカッターに下ろされた。

「ちくしょう、ちくしょう」

淵田はボロボロ涙を流した。

南雲司令部への罵声

「赤城」には映画報道班員の牧島貞一が乗っていた。

牧島はにぎり飯を頬ばって飛行甲板に駆け上がったとき、まだ真っ暗で空には星がまたたいていた。最初の戦闘機が発艦すると、次第に空が明るくなってきた。続いて、

「チャン、チャン、チャン」

とベルの音を立てながら、戦闘機が、次々と甲板に上がってきた。整備兵が、

「ワッショ、ワッショ」

と掛け声をかけながら戦闘機を甲板の後部に押して行った。これは上空警戒の戦闘機である。これも発艦すると、少し暇になったので、士官室のソファで休み、戦闘が始まると、一目散に甲板に戻って飛行機隊の活躍に見入った。

敵空母発見の知らせが入ったときは、牧島も愕然とした。古強者の村田少佐の顔に、容易ならざることになったという緊張感があった。

爆弾を魚雷に替えるというので格納庫に行ってみた。狭い格納庫で整備員は汗だくになっ

ちに整備員はブレーキを上げ、滑走を始めた。古参の整備兵は、

て奮闘していた。

「作業、急げッ」

上からは命令がくるが、こんな危険物をそう急いで扱うことはできない。古参の整備兵は、

「命令がコロコロ変わっては駄目だ」

といらだっていた。

敵空母発見から二時間ほどたった時だった。

いきなり「赤城」のそばに爆弾が炸裂した。「赤城」の前方を走っていた「加賀」が急に左旋回を始めると、パッパッと赤い閃光を発して対空砲火を撃ち始めた。すると艦橋のあたりにバッと黄色い煙が上がり、すぐ真っ黒い煙が立ちのぼった。

「加賀がやられた」

と悲鳴が起こった。牧島は何気なく時計を見た。午前七時二十五分だった。それから五分もたたないうちに対空戦闘のラッパが鳴り、真っ黒い急降下爆撃機が「赤城」に向かって真っ逆さまに降って来た。

「加賀」は最初に電撃機に襲われ、雷撃機を監視しているうちに、今度は急降下爆撃機が上からくるという奇襲戦法にやられたのだ。

牧島は甲板に首のない死体がころがっているのを目撃し、顔面蒼白になった。

「格納庫の飛行機が全部、燃えだしたぞ」

「魚雷と爆弾が爆発をはじめたぞ」

逃げてくる整備兵の後を追うように、煙が迫ってきた。

どうにか艦首まで逃げると、そこは兵隊でいっぱいだった。そのなかに南雲長官の姿があった。カッターが近づきロープをおろすと、南雲長官が最初に降りていった。そのあとに参謀たちが続いた。

「なんだい、日ごろ威張ってるくせに、逃げるときは一番先かッ」

痛烈な罵声が飛んだ。

これは普通ありえぬことだった。飛行機を知っている者なら、現況はあきらかに作戦の誤りだと感じていた。心の中にある、言いようのない怒りが爆発したのだ。

南雲は白髪まじりの頭をあげて、燃える艦橋のあたりを見つめていたが、やがて静かに頭を垂れた。神に祈りを捧げたのか、死んでいく部下に、わが罪を詫びたのか。

南雲の額には深い皺が重なっていた。

「悔しいなあ、悔しいなあ」

一人の兵士がオールを漕ぎながら泣きじゃくった。

一般兵士の怒りの叫びを非難する者も叱る者も誰ひとりいなかった。

判断を大きく誤った無能な南雲と参謀に対する義憤だった。

「報道班員を逃がしてやれ」

誰かが叫んだ。

牧島は、人をかき分けてロープのところに走っていった。牧島がカッターに乗り込み。軽

巡洋艦「長良」に乗り移ると、

「この大砲はつっかえ棒をしても飛行機は撃てないんですよ。上を向かないんだから」

と一人の兵士が牧島に言った。

こんな巡洋艦もあるんだと牧島は驚いた。二十五ミリ機銃と七・七ミリ機銃はあったが、高角砲はないので、防空能力はないに等しいものだった。

今度は淵田が抱えられて乗り移ってきた。淵田は足の傷が痛むのか、そのまま横になって目をつむった。

淵田はじっと恥かしさに耐えていた。これほどの屈辱があろうか。

「ばか野郎ッ」

心の中で何度も怒鳴った。

誰に対してか。自分か、それとも南雲長官か、はたまた山本長官か。とにかく悔しかった。

軽巡洋艦「長良」はひどいボロ船だった。

「敵さんはこんなボロ船には目もくれません。皆、上を飛び越していっちまう。われわれは朝から戦争見物ですわい」

古参の水兵がいった。

淵田は担架で病室に運ばれた。南雲長官は艦橋に上がっていった。

敗戦の責任

淵田の両足は骨折と診断された。

重傷であった。

　淵田は病室で悲しみに耐えていた。

　これは明らかに作戦の失敗であり、淵田は言葉もなかった。ハワイ攻撃の成功で、日本海軍は有頂天になっていた。アメリカの将兵たちは、どれほどの屈辱を味わったことであろうか。しかし今度という今度は、アメリカ海軍の意地と勇気を、嫌というほど見せつけられる結果になった。

「これで負けたな」

淵田は思った。日本海軍の誇りである搭乗員が大半、失われてしまったのだ。

「源田は何をしていたんだ」

淵田は怒りがこみあげ、感情を押さえきれなかった。

真珠湾攻撃のとき、ハワイをトコトン攻めて、占領するぐらいの気迫があればよかったのだ。そうすれば、こんなことで何人もの搭乗員を殺さずにすんだかも知れない。

あれを思い、これを思い、淵田は気が狂いそうだった。

生き残った搭乗員たちが、入れ替わり立ち代わり病室にやって来て、戦況を報告した。

「加賀」と「蒼龍」も全艦、火に包まれたが、「飛龍」は無事で、残った零戦、雷撃機、爆撃機は、敵空母の攻撃に発艦していったという。

「さすがは山口さんだ」

淵田は目に涙を浮かべた。山口司令官は、どれほど悔しがっているだろうか。そう思うと涙があふれるのを抑えることはできなかった。

積極果敢な山口司令官は、ハワイ攻撃の時もいち早く第三次攻撃を主張したが、南雲長官に無視された。今回も敵空母発見の知らせが入るや、すぐ攻撃隊の発進を求めたが、やはり無視されたようだ。

その結果がこのざまだ。

淵田は山口司令官の胸中を察し、顔を覆って男泣きに泣いた。

このころ、「加賀」は完全に火炎に包まれていた。燃料補給用の小型ガソリン車が猛烈な火炎に包まれ、艦長の岡田次作大佐ら幹部はことごとく焼け死んだ。

六分後、「加賀」は横倒しになってミッドウェーの海に姿を消した。

味方で光ったのは「飛龍」飛行隊の活躍だった。

なんとか「ヨークタウン」にたどりつき、爆弾を飛行甲板に叩き込んだ。

日本の空母なら、たちまち大火災となるところだが、信じられぬことが起こった。「ヨークタウン」の消火設備は完璧で、三十分で火災を下火にさせ、甲板を修理して戦闘機の発着を可能にした。

日本の空母にはない、スプリンクラーを完備していたのだ。

続いて「飛龍」からの雷撃機隊が、「ヨークタウン」に二発の魚雷をぶち込み、行動を停止させた。

「ヨークタウン」は付近に潜んでいた伊一六八潜水艦が止めを刺し撃沈したが、日本海軍の損害は甚大だった。

淵田は搭乗員の肩につかまり甲板に出た。

「飛龍」は上空警戒は行なってはいたようだったが、太陽を背にした急降下爆撃機に襲われ、命中弾を受けて大火災を起こした。

山口司令官は「飛龍」と運命をともにしていた。

その後、大破していた「赤城」は日本側の魚雷で〝処分〟され、南雲機動部隊は全空母を失った。ミッドウェー、アリューシャン作戦は中止された。

敗戦の全責任は山本にあることも確かだった。

第十九章　山本五十六の死

ラバウル

この時期、ニューブリテン島ラバウルの海軍航空隊は、依然、健在だった。

ニューブリテン島はオーストラリアの委任統治領であり、その東端にラバウルがあった。日本軍は開戦早々，南方作戦の一環としてオーストラリア委任統治領であるニューブリテン島を制圧、南方戦線の航空基地として整備したのがラバウルだった、日本陸海軍の航空部隊がそろってここに進出、ガダルカナル島の戦いやソロモン諸島を巡る戦いのとき、ラバウル基地の航空機が大活躍、米軍を粉砕し、米軍は「ドラゴンジョーズ（竜の顎）」と呼んで、ラバウル航空隊を恐れた。

昭和十七年、太平洋戦争で快進撃を続けてきた日本の敗北の端緒となったのがガダルカナルの戦いである。上陸した三万一千四百人の兵士のうち六千人が戦死、飢餓や病気で一万五千人が命を落とした。

ガダルカナルには米国とオーストラリアの連携を遮断するために海軍が建設した飛行場があった。しかしそれを米軍に奪われ、陸海軍共同で奪還作戦が実施された。

陸軍の一木支隊が上陸作戦を断行したが、米軍の守りは固く、無謀な突撃で全滅した。続いて川口支隊が上陸作戦を断行したが、食料も弾薬も補給できず、全員が飢餓状態に陥り、日本軍は大敗した。

山本は座乗する戦艦「大和」でガダルカナル島に接近、艦砲射撃で敵飛行場を破壊せんとしたが、浅瀬もあって「大和」の航行は無理だった。

ガダルカナル島を奪われ、ソロモン諸島が米軍に占領されると、日本海軍は空母の搭載機をラバウル基地に進出させ、航空戦（い号作戦）を展開したが、兵力の増強、飛行機の確保、すべての面で米軍に追い付かず、以後、日本海軍は各地で敗退を余儀なくされた。

戦況悪化

ここが正念場と考えた山本は率先垂範、みずから前線をまわり海軍航空部隊を激励することを考えた。

い号作戦の間、ラバウルで白い制服に身を包み、前線に向かう飛行隊を見送る山本の姿は、悲壮感に満ち、搭乗員は山本のためなら死をもいとわぬ覚悟で、敵に立ち向かわんと飛び立っていった。

山本はラバウルからブーゲンビル、ブイン、ショートランドを回る予定だった。ガダルカナルからブーゲンビル島に撤退してきた陸軍第十七軍の労をねぎらう目的もあった。

第三艦隊司令長官小沢治三郎中将や第十一航空戦隊司令官城島高次少将は、

「戦況は悪化しています」

と山本に巡視の中止を強く進言したが、山本は、

「いったん、決めたことは変えられない」

と聞き入れなかった。

「自分が先頭にたつことで、戦況を挽回したい」

山本の決意は固かった。

山本には、もって生まれた明るさがあった。笑顔も魅力的で、得意の将棋を指すときは、

「どうだ」とばかり満面に笑みうかべ、すべてが絵になる人物だった。

隊員の信頼度も抜群で、山本は文字どおり海軍航空隊のシンボルだった。

いつものように凛々しい表情でラバウル基地の海軍航空隊員を激励した山本は、参謀長以

下八名を連れて一式陸攻二機に分乗し、護衛に零戦六機を付け、早朝にラバウルを出発した。

戦地を順番に周り、夕方までに帰ってくる予定だった。

小沢らは山本が信頼する黒島亀人参謀に護衛機を付け加えたいと勧めたが、山本や彼の幕

僚らはこれを少しも危険だと思わずにいた。

このとき、山本の行程がすべて米軍に筒抜けになっていたなど夢想だにしていなかった。

長い間、トラック島の大和ホテルで過ごしてきた山本や参謀達には、一秒の油断も命取り

になる最前線の厳しい情報戦争が実感できずにいた。

油断であった。

米軍、暗号を解読

この日、山本一行を乗せた陸上攻撃機二機と護衛の零戦六機は、午前六時にラバウル東飛行場を出発した。好天、絶好の飛行日和だった。

ラバウルから出撃する航空機を見送る山本は普段は白の軍装で通したが、この日は緑色の第三種軍装だった。

米戦闘機が待ち受けているなど、誰一人思う者はいない。山本は前線の兵士にとって英雄的存在であり、視察の効果は計り知れないものがあると感じていた。

バラレ着は午前八時、駆潜艇でショートランドに向かい、第十一航空戦隊を巡視、午前九時にショートランドを出発し、駆潜艇で再びバラレに戻り、ガダルカナルから引き揚げてきた陸軍第十七軍の司令部を訪問する予定だった。

陸軍第十七軍には郷里の長岡から多くの兵士が加わっており、慰労したいという思いやりの気持ちもあった。

同行者は一番機が山本と艦隊軍医長、樋端久利雄航空甲参謀、副官、二番機が宇垣纏参謀長、室井捨治航空乙参謀、艦隊主計長らだった。

山本の巡視計画は、連合艦隊参謀がまとめ、宇垣参謀長が承認したのち、ラバウルの第八通信隊が持つ放送通信系と一般短波系の二波を使用し、ご丁寧に二回も発信された。ミッドウェー海戦で、情報もれに気づいた日本海軍は、暗号を一新していたが、二回も発信すれば、よほど重要な電文であることを自ら宣言しているようなものだった。たとえ暗号が解読不能であったとしても、その電文の重要性を察知されるような打ち方はすべきでないはずだった、

電文内容は、一、発着、二、実視要領、三、各部隊指揮官の服装、四、天候不良の際は一日延期というものだったので、誰が見ても山本の視察であることは明白だった。

これをキャッチした米海軍は、日本海軍が発信したあらゆる無線電信をくまなく収集し、ハワイの米海軍情報部が総力を上げて暗号の読み取りに成功し、山本の行動をほぼ完全に把握した、

この暗号解読には伏線があった。

二月二十九日、伊号第一潜水艦がガダルカナル島カミンボ沖で補給作業中に米艦艇の攻撃を受けて沈没したが、米軍は潜水夫をこの艦に潜らせ、日本海軍の乱数表を手に入れていたのである。

米軍は乱数表通りの電文を即座に解読し、歓声をあげた。山本は無論、日本軍の誰もこのことを知るよしもなかった。

米軍機の迎撃

山本が離陸する二十分ほど前の五時四十分（日本・中央時間）、ジョン・ミッチェル少佐が率いる米陸軍航空隊のP38型戦闘機十八機がガダルカナル島のヘンダーソン飛行場を離陸していた。山本の搭乗する機をブーゲンビル島南端に近いバラレ島に着陸する十分前に襲う計画だった。

日本側が放った詳細な電文のお陰で、分単位の作戦計画が立案されており、途中、二機が故障のために引き返し、十六機が遭遇地点へと近づいた。

速力が遅い一式陸攻は、高速のP38に遭遇したときは、急降下して地面を縫うように飛ぶか、近くに雲があればその中に逃げ込むか、いずれかの方法で危機を脱する手順になっていた。

この日は晴天だった。

山本は窓から眼下を眺め、余裕のある風情だった。まさか自分の日程が米軍にもれているなど夢想だにしていなかった、

一方、ミッチェルの飛行隊は米海軍が悪魔と呼ぶ山本の迎撃に興奮し、心の動揺を抑えるのに必死だった、

ミッチェルは日本機より低い高度で、太陽に向かって飛んでいた。

バラレまであと十五分ほどの地点で、米軍機は陽光を受けて輝く日本軍機を発見した。

発見するやいなや、ランフィア大尉の率いる四機が一気に五千メートル急上昇し、そこから急降下して一式陸攻へ突っ込む態勢をとった。

その間、他の十二機は護衛の零戦に向かった。ランフィアは一機と知らされていた一式陸攻が二機も視界に入り慌てたが、二機とも落とすしかないと後続の三機に指示した。ランフィアと僚機パイロットは急降下して無警戒の零戦を振り切りながら、前を飛ぶ一式陸攻に照準を合わせ機銃弾を撃ち込んだ。

一式陸攻は、命中弾を受けると、たちまち主翼の付け根付近から火を噴き、ついで右翼が折れて失速し、浅い角度でジャングルに落ちていった。

あっけない最後だった、

もう一機は急速旋回を何度も繰り返して致命的打撃を受けなかったが、ついにエンジンに被弾して海面に激突した。一機目に山本が乗り、二機目に宇垣参謀長が乗っていた。

どちらに山本が乗っていたか、米軍は知る由もなかったが二機とも撃ち落したことでランフィアは安堵した。

異変

長官機は、午前七時四十分に到着の予定だったが、連合艦隊司令部に到着の連絡がないので、参謀たちは不審に思っていた。が、午前十一時九分に、

「長官一行の陸攻二機、午前七時四十分ごろＰ38十数機と交戦、二番機はモライ岬海上に不時着、一番機はブイン西方約十一マイルの密林中に火を噴きつつ、浅き角度にて突入せるもののごとく捜索手配中」

の電文が入り、艦隊司令部に衝撃が走った。

そこに山本長官の護衛戦闘機が帰って来た。搭乗員は気も動転し、呂律《ろれつ》が回らない。気を沈めて聞き出すと、

「長官機は黒煙を吹きながらブイン基地西方のジャングルへ、参謀長機は海上に不時着、参謀長機からは人が出て泳いでいたが、長官機はジャングルが深く、よくわからない」

という衝撃の大事件が起こっていた。

すぐ斥候隊が編成され、墜落現場とおぼしき場所に携帯磁針を持って前進した。昼なお暗い密林で、沼地あり、藤ツルの茂みありで、初日は墜落現場を発見できなかった。

翌日、数組の捜索隊が捜索にあたったが、なかなか発見できない。

午後四時ごろなってガソリンの匂いを感じ、その方向に進むと、数十メートルに渡って機体が散乱しており、十一人の遺体の中に、シートベルトを締めたままの山本が発見された。

山本機を見つけたのは、第六師団第二十三連隊道路設営隊で、山本の遺体は機体からちぎれ飛んだ座席に座し、軍刀を左手に握り、右手をそれにそえ、まるで生きているような感じで倒れていた。

顔面と胸部に銃弾が貫通して戦死したと推測された。

捜索隊員は皆、号泣し、遺体を担架に乗せ、基地に運んだ。遺体は、四月二十一日、ブイン近くで荼毘《だび》に付されたが、山本の死はしばらく秘密にされ、日本海軍は毎日のようにブーゲンビル島周辺を飛行して偽装につとめた。

一方、米軍も日本の暗号解読を疑わせる行動を避け、山本機の攻撃にはふれなかった。日本海軍は最後まで暗号が解読されていたことを知らずにおり、山本は稚拙な日本の情報戦の犠牲者となった。

日本海軍は、シンボルである山本を失い、以後、戦況を回復することはできなかった。

ラバウル放棄

後任の連合艦隊司令長官、古賀《こが》峯一《みねいち》大将は、海軍航空隊を米軍の空襲が続くラバウからトラック島に移駐させる措置を取った。

ラバウルの放棄である。

これを最も喜んだのは敵将、マッカーサーだった。

フィリピンを目指すマッカーサーが東部ニューギニアから西部ニューギニアになかなか進攻できず、二年以上もかかった要因の一つは、海軍ラバウル航空隊の存在だった。マッカーサーにとって、これほどの朗報はなかった。

古賀は開戦時に支那方面艦隊司令長官から横須賀鎮守府長官に転じた人物で、米海軍と交戦した経験はなく、山本の跡を継ぐことは、荷が重すぎた人物だった。

マッカーサーは直ちにビスマルク海の要衝アドミラルティー諸島を攻略し、フィリピンに通じる海域を押さえ、その後は得意の飛び石作戦を駆使して西部ニューギニアを半年間で通過、ニューギニアとフィリピンの中間にあるモロタイ島に大航空基地を建設し、ラバウル航空隊移動から八ヵ月後にレイテ上陸を果たした。

なぜ山本はラバウルまで出向いて指揮をとったのか、その意味を考えた参謀がいなかった。山本が存命であれば、ラバウルを死守したに違いなかった。

山本の遺骨は新しい連合艦隊旗艦「武蔵」に安置され、泊地に錨を降ろした各艦の登舷礼を受けながら本土に向けトラック島をあとにした。

国葬

山本の死は、すぐには公表されなかったが、戦死から一ヵ月後の五月二十日午後三時に臨時ニュースで、

「海軍大将山本五十六は本年四月、前線にて作戦を指揮していた時敵と交戦し、飛行機上で壮絶な戦死を遂げた」

と発表、ラジオと新聞で一斉に報道され、国民は英雄の死に驚き、涙した。

山本の留守宅には、山本の無二の親友であった元海軍中将堀悌吉が悲しい報告を持参した。

国民は山本の死で、戦況の不利を知り、暗い気持ちに包まれた。

政府は山本に正三位、大勲位、功一級、元帥の称号を贈り、国葬を行なう旨の発表もなされた。

葬儀は六月五日、厳かに執り行なわれたが、これは奇しくも東郷平八郎の国葬と同じ日であった。

葬儀委員長は、山本と志《こころざし》をひとつにした米内光政がつとめたが、墓所は多磨墓地で、東郷平八郎のすぐ左側であった。のちに古賀峯一が山本の左横に埋葬されたため、山本の墓は真ん中でそびえ立つことになった。

墓石の文字も米内が書いた。

家族の強い希望で分骨も行なわれ、長岡市長興寺にある山本家の墓の一角に埋葬された。

山本五十六という英雄を失った日本は、以後、各地の戦闘でやぶれ、和平交渉の道も失われ、最後は「リメンバー・パールハーバー」を合い言葉に、広島、長崎に原爆を投下され、無条件降伏に追い込まれた。

山本を欠いた日本の末路は哀れだった。

あとがき

私が今回、山本五十六を書こうと考えたのは、ボストン大学ジャーナリズム学教授、ディック・レイアの作品『アメリカが見た山本五十六』を読んだからだった。

日米戦争も時間的に言えば、遠い過去の出来事になっていたが、私は米国で山本五十六の伝記が出版され、日本語訳の本が発売されたことに驚きを感じざるを得なかった。

日米戦争が起こったとき、私は仙台市上杉山通国民学校の一年生だった。

仙台駅に勤務する父親に赤紙がきて戦地に送られたことで、私たち家族は父親の生地である宮城県伊具郡小斎《こさい》村（現丸森町）に疎開を余儀なくされた。

祖父、祖母は亡くなっていたが、祖父は生前、小斎村の村長を二期勤めていたこともあって、私たち家族は周囲から面倒も見てもらい、何不自由なく疎開生活を送ることができた。

米軍の仙台空襲のとき、小斎からも仙台の大火災がはるかに望まれ、日本は負けているという噂を聞き、子供心に外地で戦う父親が無事だろうかと心配した。

後で知ったのだが、父親は現在のベトナムに駐留しており、戦闘もなかったとのことで、敗戦から一年後に帰国し、仙台駅に復職した。

家族も仙台に戻り、生活を再開したが、仙台にも米軍が進駐していた。夕方になると、米兵が仙台駅に集まり、駅前でピカピカに靴を磨いて街に繰り出すのを複雑な気持ちで眺めていたことを思いだす。

中学三年の時に父が大船渡線千厩駅に転勤になり、私は千厩中学校に転校、高校は一関第一高校に入学、三年間、汽車通学をした。

高校は岩手県では盛岡第一高に次ぐ古い学校で、以前は一関中学校、関中といい、野球が強く何回か甲子園大会に出場していた。

毎年、一人か二人は東大にも合格する進学校だったが、私は成績が良かったわけでもないし、運動部にも入らず平凡な高校生だった。

大船渡線で通う汽車通学の生徒とは自然に仲良くなり、「山汽車組」と名乗って何人かと現在も交流が続いている。

仙台で住宅評論家として大活躍し、東北福祉大の教授も務めた古田義弘君とは月に二、三度は電話で近況を話し合っている。それは実に楽しくもあり、人生の悲哀を感じる時間でもある。

「あいつが亡くなったよ」

「えっ、寂しいなあ」

と、昨今は悲しみを感じることも多いが、千厩から汽車通学をした仲間は特別である。

「もう少し、がんばろうよ」

といつも励ましあっている。

私は一浪して東北大学に入学、文学部で日本近現代史を専攻し、卒業後、福島民報社に入社。十年間、新聞記者として働いた。その後、福島中央テレビに転じ、報道制作局長で退職、五十六歳から文筆を生業《なりわい》としてきた。

会津藩の明治維新や太平洋戦争の軍人像、その他、東日本の大震災などを書いてきた。今回、山本五十六に的を絞り、彼の戦略、魅力的な人間性をまとめたのが、この本である。

山本五十六に興味を抱いた理由は、太平洋戦争に強く反対していた山本が、日本海軍のトップである連合艦隊司令長官として米海軍と雌雄を決することになったとき、機先を制して踏み切った作戦が、真珠湾の奇襲攻撃だった。これが強烈な出来事として私の脳裏にあった。

山本批判の作品も存在するが、私にとっては魅力あふれる人物だった。

戦時中、私も軍国少年の一人だった。日本の勝利を信じて疑わず、母親がとってくれた少年雑誌を読み、軍艦に乗りたいなどと夢を描いていた。

当時の日本は中国の奥深くまで軍隊を送り、中国との間で血みどろの戦争に明け暮れていた。それが日米戦争の発端だった。

山本五十六は米国事情に詳しく、米国に何人もの知人がいた。米国が日本軍は中国から撤退すべしと主張した時、陸軍は断固拒否、中国を支援する米国と戦争になった。

その時、山本は真珠湾の奇襲攻撃で、米国の戦意をくじき、和平交渉に持ち込みたいと考えた。奇襲攻撃は米国人の度肝をぬいた。

山本は一般の米国人からは悪魔の男と憎悪されたが、米国海軍のなかには「敵ながら天晴れ」と評価する声もあった。

ディック・レイアの作品も、山本五十六を好意的にとらえた作品だった

昨今の新聞は中国関連記事が多いように思える。

中国新疆《しんきょう》ウイグル自治区での中国の人権侵害は詳しく報道されたし、中国の国防予算は膨大に膨れ上がり、大型艦の建造を進め、しばしば沖縄、宮古間を中国空母が通過、外洋展開の動きを強めていることもよく報道されている。

習近平国家主席は建国百年にあたる二〇四九年までに中国軍を世界一流の軍隊にすることを目標を掲げ、その重要な指標として強大な海軍の建設を挙げていると言われている。

これに対して日本政府は米国やドイツ政府との間で2プラス2の外務、防衛閣僚会合を開き、覇権主義的な行動を強める中国を念頭に、自由で開かれたインド太平洋の実現に連携や安全保障分野面での協力について協議を始めている。

バイデン米国大統領は中国に批判的で、米国と中国の関係を民主主義と専制主義の闘いと表明、中国国内で起こっている人種弾圧問題を厳しく非難している。

毎日新聞は令和三年三月五日の朝刊で、強大な中国海軍の現況を伝え、毛沢東以降の中国

で最も強大な権力を握る習近平氏にとって、最終的な目標は、世界のすべての海で中国の偉大さと力を示す軍を建設することにあると報道した。

山本五十六ならば、こうした中国にどう対応したであろうか。中国との戦争は絶対に避けるべきだが、万が一、攻撃をしかけてきたときは、日米共同で断固、排除すると考えたに違いない。

自民党の国防部会でも空母を機軸とした機動部隊の編制を検討すべしとの声もあるやに聞く。憲法問題も含めて、海の安全保障は今後、大きな政治課題になるのかも知れない。

さてこの本で欠落していることがいくつかある。もっとも大きなことは、愛人のことである。

山本には河合千代子という愛人がいた。新橋芸者で、梅龍といった。知り合ったとき山本四十九歳、河井千代子二十九歳だった。

山本は彼女宛てにせっせと恋文を書き、それがかなりの量になり、山本の死後、千代子あての恋文は一時、海軍省の副官金庫に預け入れていたという。阿川弘之の『山本五十六』にも出てくるので知られた話だが、山本は「あなたに会いたい」と何度も書いていたという。その手紙を千代子が読んでどう思ったかは分からないが、随分、うぶであったと思わざるを得ない。

私は世間によくある話ということで、本文には書かなかったが、山本は昭和九年に千代子と知り合ってから九年間、恋文を書き続けたというのだから、驚きもあるが、男はいくつになっても純情なものだと思う。

ともあれこの本が多く方に読まれることを念じ、ペンを置きたい。

令和三年六月　郡山市の仕事部屋で

星　亮一

主な参考・引用文献

『戦史叢書ハワイ作戦』防衛庁戦史室編（朝雲新聞社）
『戦史叢書ミッドウェー海戦』防衛庁戦史室編（朝雲新聞社）
『人間山本五十六（上・下）』反町栄一（光和堂）
『人間山本五十六―元帥の生涯』反町栄一（光和堂）
『山本五十六』阿川弘之著（新潮社）
『太平洋の提督―山本五十六の生涯』ジョン・D・ポッター著、児島襄訳（恒文社）
『トラトラトラ』ゴードン・W・ブランゲ著、千早正隆訳（日本リーダーズダイジェスト社）
『ニミッツの太平洋海戦史』C・W・ニミッツ／E・B・ポッター著、実松譲／冨永謙吾訳（恒文社）
『果断の提督 山口多聞』星亮一（光人社NF文庫）
『提督の責任 南雲忠一』星亮一（光人社NF文庫）
『パール・ハーバー』クレイグ・ネルソン著、平賀秀明訳（白水社）
『太平洋の試練』イアン・トール著、村上和久訳（文藝春秋）
『真珠湾、クラーク基地の悲劇』ジョン・コステロ著、左近允尚敏訳（啓正社）
『零式艦上戦闘機』清水正彦著（新潮選書）
『父 山本五十六』山本義正（光文社）
『海軍大将米内光政正伝』実松譲（光人社）

『山本五十六の無念』半藤一利（恒文社）
『山本五十六の生涯』工藤美代子（幻冬舎文庫）
『アメリカが見た山本五十六（上・下）』ディック・レイア著、芝瑞紀／三宅康雄／小金輝彦／飯塚久道訳（原書房）
『提督ニミッツ』Ｅ・Ｂ・ポッター著、南郷洋一郎訳（フジ出版社）
『人間提督山本五十六』戸川幸夫（光人社）
『山本五十六の戦争』保坂正康（毎日新聞出版）
『米内光政』阿川弘之（新潮文庫）
『凡将山本五十六』生出寿（光人社ＮＦ文庫）
『河合継之助伝』今泉鐸次郎（目黒書店）
『越の山風』山県有朋（東京書房）
『自伝的日本海軍始末記』高木惣吉（光人社）
『あゝ江田島海軍兵学校―眞継不二夫写真集』（大泉書店）
『山本五十六再考』野村実（中公文庫）
『山本五十六と米内光政』高木惣吉（光人社）
『真実の太平洋戦争』奥宮正武（ＰＨＰ文庫）
『指揮官と参謀』吉田俊雄（光人社）
『炎の海（正・続）』牧島貞一（光人社）

光人社ＮＦ文庫書き下ろし作品

NF文庫

提督の決断 山本五十六

二〇二一年八月二十四日 第一刷発行

著 者 星 亮一

発行者 皆川豪志

発行所 株式会社 潮書房光人新社

〒100-8077 東京都千代田区大手町一-七-二

電話／〇三-六二八一-九八九一(代)

印刷・製本 凸版印刷株式会社

定価はカバーに表示してあります

乱丁・落丁のものはお取りかえ致します。本文は中性紙を使用

ISBN978-4-7698-3225-6 C0195

http://www.kojinsha.co.jp

NF文庫

刊行のことば

第二次世界大戦の戦火が熄《や》んで五〇年——その間、小社は夥しい数の戦争の記録を渉猟し、発掘し、常に公正なる立場を貫いて書誌とし、大方の絶讃を博して今日に及ぶが、その源は、散華された世代への熱き思い入れであり、同時に、その記録を誌して平和の礎とし、後世に伝えんとするにある。

小社の出版物は、戦記、伝記、文学、エッセイ、写真集、その他、すでに一、〇〇〇点を越え、加えて戦後五〇年になんなんとするを契機として、「光人社NF（ノンフィクション）文庫」を創刊して、読者諸賢の熱烈要望におこたえする次第である。人生のバイブルとして、心弱きときの活性の糧《かて》として、散華の世代からの感動の肉声に、あなたもぜひ、耳を傾けて下さい。